Cristologías del Nuevo Testamento

Cristologías del Nuevo Testamento

Wilfredo Estrada Adorno

Ediciones Guardarraya

EDICIONES
GUARDARRAYA

© 2025 Wilfredo Estrada Adorno

Ediciones Guardarraya
La Antillana Calle B #9
Trujillo Alto, PR 00976

ISBN: 979-8-9875322-5-6

ÍNDICE

PRÓLOGO

Quiero en este prólogo a esta obra sobre: *Cristologías del Nuevo Testamento Tomo I*, iniciar la misma con un cántico a la sabiduría de Dios que incluye el apóstol Pablo en el capítulo 11 de la Carta a los Romanos'

> ¡Profundidad de las riquezas, de la sabiduría y del conocimiento de Dios! ¡Cuán insondables son sus juicios e inescrutables sus caminos!, porque, ¿quién entendió la mente del Señor? ¿o quién fue su consejero? ¿Quién le dio a él primero, para que le fuera recompensado?, porque de él, por él y para él son todas las cosas. A él sea la gloria por los siglos. Amén (Romanos 11. 33-36).

Lo primero que quiero dejar claro es que no hay mejor manera de estudiar teología que reconocer de entrada que Dios es digno de adoración antes que intentemos explicar su revelación. Porque como dice el apóstol Pablo "¡Cuán insondables son sus juicios e inescrutables sus caminos!, porque, ¿quién entendió la mente del Señor! (Romanos 11.33-34). Sin embargo muchas veces nos acercamos a las Escrituras como si fuéramos dueño de la verdad revelada.

En Apocalipsis capítulo 5 enfatiza acercarnos a Dios con adoración. Es una experiencia de adoración total.

> Los cuatro seres vivientes y los veinticuatro ancianos se postraron delante del Cordero; todos tenían arpas, y copas de oro llenas de incienso, que son las oraciones de los santos; y cantaban un nuevo cántico, diciendo: Digno eres de tomar el libro y de abrir sus

sellos; porque tú fuiste inmolado, y con tu sangre nos has redimido para Dios, de todo linaje y lengua y pueblo y nación; y nos has hecho para nuestro Dios reyes y sacerdotes, y reinaremos sobre la tierra. Y miré, y oí la voz de muchos ángeles alrededor del trono, y de los seres vivientes, y de los ancianos; y su número era millones de millones, que decían a gran voz: El Cordero que fue inmolado es digno de tomar el poder, las riquezas, la sabiduría, la fortaleza, la honra, la gloria y la alabanza. Y a todo lo creado que está en el cielo, y sobre la tierra, y debajo de la tierra, y en el mar, y a todas las cosas que en ellos hay, oí decir: Al que está sentado en el trono, y al Cordero, sea la alabanza, la honra, la gloria y el poder, por los siglos de los siglos (Apocalipsis 5.8-13).

Esta es la verdadera manera como deseo que nos acerquemos al estudio de esta obra. Con una invitación al Espíritu Santo para que nos llene con su ser, mientras nos acercamos a las Escrituras para oír la voz de Dios. Siempre este acercamiento a las Escrituras lo debemos hacer con humildad para percibir los misterios de Dios y la llenura de su Espíritu Santo. Es decir debemos acercarnos a este estudio con sentido de misterio y temor reverencial ante el poder del Dios trino.

Es posible que una manera de decir todo lo que les quiero decir es que nos acerquemos a esta obra con un deseo de examinar su contenido desde nuestra visión académica, pero un espíritu de oración y adoración. Es decir, en el estudio del Dios trino nos debemos acercar con nuestra mente, pero también con nuestro corazón y estar dispuestos a ser sorprendidos por nuestro Dios con actitud de apertura continua a lo que Dios quiera hacer en nuestras vidas.

Es tiempo de iniciar este estudio con una alabaza en nuestros labios y en una actitud de oración y adoración.

Ante ustedes: *Una cristología del Nuevo Testamento.* Acérquese con un corazón compungido y listo para escuchar y adorar al Dios trino, como dijo el vidente de Patmos: "El que tiene oído, oiga lo que el Espíritu dice a las iglesias" (Apocalipsis2.17).

Wilfredo Estrada Adorno
8 de mayo de 2025
Día de la elección de Robert Francis Prevost
Como el Papa León XIV

INTRODUCCIÓN

En esta introducción a lo que he querido llamar: *Una cristología del Nuevo Testamento Volumen I*, quiero tomar muy en serio lo que dice cada autor del Nuevo Testamento. En este proyecto comparto la cristología del apóstol Pablo, la cristología de los cuatro evangelios, la cristología del Espíritu y la cristología del Logos, estas dos, analizadas por teólogos contemporáneos y con énfasis en la necesidad correlacionarlas. Se queda fuera de este volumen, para un proyecto posterior, la cristología de Pedro, de Santiago, Judas, Hebreos, las epístolas pastorales y la cristologías de los concilios de la iglesia.

Mi intención en esta obra es dejar hablar las Escrituras y escuchar, atentamente, lo que sus autores quisieron decirles a sus audiencias en el tiempo en que le hablaron y escuchar ese mensaje en las primeras décadas del siglo XXI. En el penúltimo capítulo le dedico un espacio a la cristología del Espíritu y al cristología del Logos. Cuando se habla de cristología se intenta definir el significado de la *persona* y la *obra* de redención de Jesucristo. Es decir, quién es Jesús y su misión. En esta visión, definitivamente, estoy en deuda con mi profesor de Nuevo Testamento, Leander E. Keck que siempre enfatizó que la Biblia había que tomarla muy seriamente. Precisamente, la primera obra del profesor Keck, en 1962 la tituló *Taking the Bible Seriously* (Tomando la Biblia en serio). El profesor Keck tomó muy en serio el mensaje bíblico para su generación y espera que nosotros la tomemos en serio para nuestras generaciones.

Su hijo, David Keck, dijo que tomar la cristología del Nuevo Testamento en serio significó para su padre una persistente lucha por escuchar lo que los escritores realmente dijeron. No lo que él pensaba que dijeron, no lo que él quería que dijeran. No lo que los credos de los cuerpos eclesiásticos decían, no lo que eruditos decían de los escritores, sino lo que decían los escritores del Nuevo Testamento en sus propias palabras.[1] Esta es la misma lucha que persigo en esta obra, permitirles a los escritores del Nuevo Testamento que nos digan lo que ellos les dijeron a sus audiencias en el tiempo que les escribieron y oírlos, atentamente, sin poner nuestras palabras en sus bocas.

En el siglo segundo Taciano el Asirio escribió una obra que tituló: *Diatessaron* una versión de los cuatro evangelios arreglada una narrativa continua. Eso es lo que en nuestros días se llama una armonía de los evangelios. Uno de esos esfuerzos más cercano a nuestro tiempo fue escrito por J. Dwight Pentecost. Esto es exactamente lo que yo no quiero hacer. Mi deseo es que el lector palpe y sienta el cuadro que nos presenta cada escritor del Nuevo Testamento sin intentar armonizarlos. Claro el cuadro que sale de Jesucristo será sumamente importante para vivir la vida cristiana de acuerdo con las Escrituras y ser partícipe de la esperanza que promueve el evangelio. Vuelvo a citar a David Keck, cuando dice que para su padre el Nuevo Testamento, luego de cinco décadas de estudio, "permaneció, misterioso, desafiante,

---

[1]David Keck, "Forward" in Leander E. Keck, *Renewing New Testament Christology* (Minneapolis, Minnesota: Fortress Press), xiii-xiv.

enigmático, potente, sorpresivo y dador de vida".[2] Esa es una manera extraordinaria de ver las Escrituras.

Así que esta es la manera que utilizo en esta obra para acercarme a las Escrituras. Siempre nos comparten los misterios de Dios, nos desafía a creerle a Dios, como le creyó Abraham, todos los días nos muestran el poder del Espíritu Santo que nos acompaña y nos sorprende cuando menos lo esperamos. Pero, sobre todas las cosas, en las Escrituras y por medio de Jesucristo en el poder del Espíritu Santo, Dios nos da vida y vida en abundancia.

Me parece que es importante revisar la cristología de Pablo y de los cuatro evangelios para revisar el cuadro que sale de la persona de Jesús como Salvador de la raza humana y de la creación. Estoy convencido que la soteriología es un elemento fundamental de la cristología. Por consiguiente, estaré pendiente al cuadro de Jesús como Salvador que presenta tanto el Antiguo Testamento en promesa, como el Nuevo Testamento en cumplimiento de la promesa. La historia de la salvación es una y corre a lo largo y ancho de las Escrituras, tanto para judíos como para gentiles.

Para asegurarme que trato con verdadero cuidado estos temas, en el primer capítulo examino el tema de la cristología del apóstol Pablo. Sitúo este capítulo en primer lugar en este libro, pero eso no significa que los evangelios sinópticos y el evangelio de Juan, no tuvieran acceso a mucha de la información sobre Jesús como Salvador que circuló

---

[2] Keck, "Forward"…, xiv.

entre los primeros cristianos a principios del siglo primero. Señalo que Jesús es el nuevo agente para la justificación y salvación de todos los seres humanos, judíos y griegos por igual, que han llegado a creer en él y en el Espíritu que manifiestan el amor de Dios por todos. Afirmo, además, que en la epístola a los Colosenses, Pablo atestigua que "Cristo es la imagen del Dios invisible, el primogénito de toda creación" (Colosenses 1.15).

Por un lado, señalo que participar en Adán era participar de la muerte, por otro lado, participar con el Cristo resucitado es advenir a la vida y a la nueva creación. Por consiguiente, a lo largo del análisis de los títulos cristológicos de Jesús en la cristología paulina busqué identificar la relación íntima de Jesús con Dios en el designio divino de salvar el ser humano alejado de Dios. Ha sido mí intención decirles que Pablo quería asegurarse que sus lectores no fueran prisioneros de la Ley y el pecado, sino afirmarles que Cristo se dio por la iglesia para liberarla del presente siglo maligno. Separe tiempo para revisar con cuidado la cristología del primer teólogo del Nuevo Testamento.

En el segundo capítulo le dedico tiempo al evangelio de Marcos que la mayoría de los estudiosos del Nuevo Testamento ubican como el primero de los evangelios. Mi propósito es identificar, a lo largo del estudio del contenido del evangelio, aquellas experiencias en el relato del evangelio de Marcos, donde se pueda identificar una afirmación cristológica sea del autor, de Jesús, del Padre, del Espíritu Santo, de los discípulos, o de algunos de los personajes del relato del evangelio. Debo advertir a mis lectores que mi acercamiento al evangelio de

Marcos estará afectado por mi perspectiva pentecostal wesleyana hispana, masculina y por mi realidad de estudioso del siglo XXI de un texto de la séptima década del siglo I. Les digo en este capítulo que el evangelista Marcos le comparte a los seguidores de Jesús de su época (cuatro décadas después de los hechos que narra), que los primeros seguidores de Jesús estuvieron convencidos, que Jesús de Nazaret era el *Cristo* (el *Ungido*) de Dios y el *Hijo de Dios* y que en su persona anunció un nuevo tiempo de esperanza de Dios para su pueblo. Sé que van a disfrutar la lectura de este capítulo. Espero que lo puedan compartir su contenido con su comunidad de fe.

En el tercer capítulo lo dedico a la cristología de Mateo. De alguna manera, la cristología del evangelista Mateo sigue el bosquejo general que aparece en el evangelio de Marcos y lo acomoda con información común en el evangelio de Lucas y otra información única de su evangelio.

En su jornada cristológica, Mateo usa títulos mesiánicos para Jesús que ya tenían significados para la tradición judía del siglo primero, tales como *Mesías*, *Señor*, *Siervo*, *Hijo de David*, *Hijo de Dios* e *Hijo del Hombre*. Creo que Mateo nos proporciona una perspectiva particular de Jesús de Nazaret para ayudarnos en nuestro entendimiento de la cristología del Nuevo Testamento. En este capítulo he afirmado que en la cristología de Mateo desde el inicio de su evangelio, Mateo señala que Jesús es el Cristo, es el Hijo de Dios. Descubra las interioridades del evangelista y saboréelas.

En el cuarto capítulo examino la cristología de Lucas. Por un lado, en el estudio que estoy presentando de los tres evangelios sinópticos he tratado de ser fiel al propósito de cada evangelista y escucharlo atentamente. Por otro lado, también es cierto que, aún con sus marcadas diferencias, los evangelios sinópticos, también tienen similitudes en el relato que cuentan para su audiencia. Ambas realidades, tanto las diferencias, como las similitudes, hay que mantenerlas en conversación unas con las otras para apreciar los relatos de los evangelios.

El evangelio de Lucas presenta una historia que enfatiza, tanto la humanidad de Jesús, como su deidad. En mi análisis cuidadoso de la cristología de Lucas, me encargaré de señalar ambos aspectos de su cristología. Sin lugar a duda, para Lucas la realidad de la salvación provista por Jesús en su vida, muerte, resurrección y ascensión estaba disponible para el "aquí y ahora" de los que se acercaban a él. Creo que he dicho suficiente sobre la cristología de Lucas. Los dejo con este aperitivo para que se adentren por su cuenta en la cristología de Lucas.

En el quinto capítulo lo dedico a la cristología de Juan. El propósito de este capítulo es examinar la cristología del evangelio de Juan, como el evangelista la presenta. Sé que la visión cristológica de Juan es diferente a la de los sinópticos y otros escritores del Nuevo Testamento. Sin embargo, quiero que Juan nos hable hoy, en el siglo XXI, de la misma manera que él le habló a su audiencia a fines del siglo primero.

El evangelista anuncia en el prólogo de su evangelio que Jesús era el Verbo eterno que no solo "estaba con Dios "sino "que era Dios" (1.1). Sin lugar a duda, el evangelista quiere afirmar la relación de intimidad del Verbo con Dios, como fundamental para todo el proceso soteriológico (de salvación).

Juan el Bautista reconoció que esta combinación única de lo divino y lo humano separaba a Jesús de él y del resto de la humanidad. Juan declaró: "El que viene de *arriba* está por encima de todos; el que es de la tierra es terrenal y habla de cosas terrenales. El que viene del *cielo* está por encima de todos" (3.31). Jesús le dijo a su audiencia de fariseos: "Vosotros sois de abajo, yo soy de *arriba*; vosotros sois de este mundo, yo no soy de este mundo"(8.23. Énfasis añadido). Esta es una clara cristología de *arriba*.

Hay varias declaraciones de individuos en el evangelio de Juan que identifican a Jesús como el hijo de Dios, sin embargo, Jesús, a lo largo de todo el evangelio de Juan y a diferencia de los evangelios de Mateo, Marcos y Lucas, incluye declaraciones sobre sí mismo donde se identifica como Hijo de Dios. Por esta razón decimos que en el evangelio de Juan se presenta una cristología del Verbo; es decir, de *arriba*.

Por un lado, en el inicio del evangelio de Juan y en su último verso se declara la intención del evangelista Juan de definir su proyecto de afirmar que Jesús es el Cristo, el Hijo de Dios. Juan inicia su evangelio con la siguiente declaración: "En el principio era el Verbo, el Verbo estaba con Dios y el Verbo era Dios" (Juan 1.1). Por otro lado, al concluir su evangelio lo cierra el mismo de la siguiente manera: "Pero éstas [cosas] se han escrito para que creáis que Jesús es el Cristo, el Hijo de Dios, y para que, creyendo, tengáis vida en su nombre" (Juan 20.31). Esto es suficiente para abriles el apetito para que lean el capítulo de la cristología de Juan. ¡Adelante!

En el capítulo sexto tomo tiempo para explorar las dos cristología que a lo largo del pensamiento de la iglesia se han identificado como la cristología del Espíritu (de abajo) y la cristología del Logos (de arriba). Creo que este análisis intenta responder de forma coherente a la afirmación del apóstol Pablo en 2 Corintios: "Dios estaba en Cristo reconciliando consigo al mundo, no tomándole en cuenta a los hombres sus pecados, y nos encargó a nosotros la palabra de la reconciliación" (2 Corintios 5.19). Sin lugar a duda, en el texto bíblico hay enfoques variados de cómo los escritores del Nuevo Testamento compartieron sus visiones del proyecto de redención de Dios para el ser humano y el mundo.

Como dije arriba en este capítulo quise enfocarme en las visiones de la cristología del Espíritu y la cristología del Logos y el significado de la *persona* y *obra* de redención de Jesús el Cristo. Las cristologías del Espíritu intentan ubicar la obra del Espíritu dentro del centro del proceso de redención. Por mucho tiempo, la cristología evangélica separó y subordinó la obra del Espíritu a la obra de redención de Cristo. La intención de colocar la cristología del Espíritu (una cristología desde abajo, porque enfatiza la humanidad de Jesucristo quien es ungido por el Espíritu) al lado de la cristología del Logos (una cristología desde arriba, porque inicia con el Hijo de Dios que se encarnó) es lograr presentar una cristología más entendible para el creyente pentecostal desde su teología y hermenéutica pentecostal

Sin embargo, en esta obra sólo abordaré las cristologías del Espíritu identificadas como pentecostales o en conversación con las teologías pentecostales. De alguna manera, quiero seguir el principio del teólogo francés y católico Yves Congar: "Ninguna cristología sin neumatología (espiritualidad) y ninguna neumatología sin cristología".[3]

Las preguntas por responder son: ¿Cómo afirmaron a Jesús, los primeros discípulos, la Iglesia neotestamentaria y los primeros cristianos esta confesión de fe? Y, además, ¿qué valor tuvo esta confesión para sus vidas, en medio de su contexto de persecución?

Creo que es tiempo de permitirles que ustedes mismos inicien la lectura de esta obra y se vayan familiarizándose con cada capítulo y vayan llegando a sus propias conclusiones. Es tiempo de darle vuelta al a página y zambullirse en la lectura de esta obra. En ocasiones el agua les llegará a los tobillos, a veces a las rodillas, en muchas ocasiones a la cintura, pero, en muchas otras ocasiones, solo podrá cruzar el río a nado. No se asusten, de vez cuando, como el ángel que acompañó a Ezequiel por las aguas salutíferas que salían de debajo del umbral de la casa de Dios, el Espíritu los sacará a la ribera del río (Ezequiel 47.7) para que vivan la experiencia de las aguas salutíferas en sus respectivas situaciones.

---

[3] Yves Congar, *The Word and the Spirit*, trans. David Smith (San Francisco, CA: Harper & Row, 1986), 1.

Capítulo 1

UNA CRISTOLOGÍA DEL APÓSTOL PABLO

Introducción

En este capítulo abordaré el tema de la cristología del apóstol Pablo. Ubico este capítulo en primer lugar en este libro, pero eso no quiere decir que los evangelios sinópticos y el evangelio de Juan, no tuvieran acceso a mucha de la información sobre Jesús como Salvador que circuló entre los primeros cristianos a principios del siglo primero.

Comienzo el análisis de la cristología de Pablo, aludiendo, en primer lugar, a la cristología en la epístola a los Romanos. Concurro con el erudito católico Joseph A. Fizmyer, cuando asevera que en la epístola a los Romanos se puede identificar su cristología, afirmando que "Jesús es el nuevo agente para la justificación y salvación de todos los seres humanos, judíos y griegos por igual, que han llegado a creer en él y en el Espíritu que manifiestan el amor de Dios por todos".[4] Para reafirmar su convicción, Pablo declara categóricamente:

No me avergüenzo del evangelio, porque es poder de Dios para salvación de todo aquel que cree, del judío primeramente y

---

[4] Joseph A. Fitzmyer, "The Christology of the Epistle to the Romans" in Abraham J. Malherbe,and Wayne A. Meeks, eds. *The Future of Christology: Essays in Honor of Leander E. Keck* (Minneapolis, Minnesota: Fortress Press, 1993), 82.

también del griego, pues en el evangelio, la justicia de Dios se revela por fe y para fe, como está escrito: Mas el justo por la fe vivirá (Romanos1 16-17).

Este pasaje de la epístola a los Romanos afirma que la redención es posible por la acción de Dios en Jesús en el poder del Espíritu, de la misma manera, que otros pasajes en el Nuevo Testamento destacan que Jesús, el verbo, fue el agente por quien Dios, al principio creó todas las cosas. "Todas las cosas por medio de él fueron hechas, y sin él nada de lo que ha sido hecho fue hecho" (Juan 1.3). También, se enfatiza la presencia del Espíritu. "La tierra estaba desordenada y vacía, las tinieblas estaban sobre la faz del abismo y el espíritu de Dios se movía sobre la faz de las aguas (Génesis 1.2).

Por un lado, la epístola a los Colosenses atestigua: "Cristo es la imagen del Dios invisible, el primogénito de toda creación" (Colosenses 1.15). Por otro lado, el evangelio de Juan declara: "En el principio era el Verbo, el Verbo estaba con Dios y el Verbo era Dios. Éste estaba en el principio con Dios" (Juan 1.1). Es decir, hay dos elementos de la acción de Dios que el apóstol Pablo quiere enfatizar. Por un lado, quiere subrayar que el Dios trino es el Creador de todas las cosas en Jesucristo en el poder del Espíritu. Por otro lado, también, quiere afirmar que el Dios trino es el Redentor de todas las cosas en Jesucristo, en el poder del Espíritu.

En palabras de Leander E. Keck "todo aquel que participe en Cristo comparte su victoria sobre el pecado y la muerte, el evento que inaugura el nuevo eón".[5] El apóstol Pablo lo dice en la epístola a los Romanos de la siguiente manera: "y sabemos que Cristo, habiendo resucitado de los muertos, ya no muere; la muerte no se enseñorea más de él" (Romanos 6. 9). De la manera que participar en Adán era participar de la muerte, de igual manera, participar con el Cristo resucitado es advenir a la vida y a la nueva creación. Una vez más, concurro con el profesor Keck "Cristo es el 'ya' que anticipa 'el todavía no'".[6] En otras palabras, vivir el presente a la luz del Cristo resucitado es celebrar por anticipado la realidad de la salvación en "el aquí y ahora".

De igual manera, dice David K. Bernard en un artículo titulado: "Paul's Christology in the Corinthian Letters" (La cristología de Pablo en las cartas a los Corintios) que el apóstol Pablo en las cartas a los Corintios "le atribuye a Jesús autoridad comisionada y poder santificador, trascendiendo el poder que los judíos le atribuían a cualquier ser humano y usa la frase "en Cristo" en Corintios para referirse al poder salvador de Dios en favor de los humanos". Sus palabras en la primera epístola a los Corintios dicen: "a la iglesia de Dios que está en Corinto, a los santificados en Cristo Jesús, llamados a ser santos con todos los que en cualquier lugar invocan el nombre de nuestro Señor Jesucristo, Señor de ellos y nuestro" (1 Corintios 1.2).[7]

---

[5] Leander E. Keck, *Renewing New Testament Christology* (Minneapolis, Minnesota: Fortress Pres, 2023), 100.

[6] Leander E. Keck, *Renewing New Testament Christology* …, 100.

[7] Bernard, David K. 2024. "Paul's Christology in the Corinthian Letters". *Religions* 15: 721. https://doi.org/10.3390/rel15060721 Academic Editor:

Pablo

Títulos Cristológicos en la cristología paulina

A lo largo del análisis de los títulos cristológicos de Jesús en la cristología paulina busco identificar la relación íntima de Jesús con Dios en el designio divino de salvar el ser humano alejado de Dios. El apóstol Pablo en las epístolas a los Romanos y a los Gálatas lo expresa con bastante claridad. En la epístola a los Romanos, por un lado, dice:

> "Lo que era imposible para la Ley, por cuanto era débil por la carne, Dios, enviando a su Hijo en semejanza de carne de pecado, y a causa del pecado, condenó al pecado en la carne, para que la justicia de la Ley se cumpliera en nosotros, que no andamos conforme a la carne, sino conforme al Espíritu" (Romanos 8.3-4).

Por otro lado, en la epístola a los Gálatas dice lo siguiente: "Pero cuando vino el cumplimiento del tiempo, Dios envió a su Hijo, nacido de mujer y nacido bajo la Ley, para redimir a los que estaban bajo la Ley, a fin de que recibiéramos la adopción de hijos" (Gálatas 4.4-5). Esta es una manera del apóstol Pablo afirmar el significado divino de Jesús como Salvador, pero al mismo tiempo expresar su completa sumisión de Jesús a la voluntad de Dios para vivir su vida en total obediencia a Dios. Su misión como Salvador requería del sufrimiento y la entrega de su vida para redimir a los que se encontraban condenados por la Ley.

Annemarie C. Mayer Published: 12 June 2024. Accedido 29 de marzo de 2025.

La afirmación del apóstol Pablo es que toda la humanidad y la creación necesitan un Salvador para responder afirmativamente desde la condición de la humanidad y de la creación, afectada por el pecado para hacer posible la esperanza para el presente y el futuro. Su visión es que "tanto judíos como gentiles, están bajo el pecado" (Romanos 3.9) y la "ira de Dios se revela desde el cielo contra toda impiedad e injusticia de los hombres que detienen con injusticia la verdad" (Romanos 1.18). Sin embargo, el apóstol Pablo dice que la buena noticia es: El poder de Dios para salvar en el evento del Jesús crucificado-resucitado, afirmando con toda seguridad:

No me avergüenzo del evangelio, porque es poder de Dios para salvación de todo aquel que cree, del judío primeramente y también del griego, pues en el evangelio, la justicia de Dios se revela por fe y para fe, como está escrito: Mas el justo por la fe vivirá (Romanos 1.16-17).

En la epístola a los Gálatas, el apóstol Pablo afirma que Jesús se entregó así mismo para salvar a los pecadores. Su afirmación es la siguiente: "Gracia y paz sean a vosotros, de Dios Padre y de nuestro Señor Jesucristo, el cual *se dio a sí mismo* por nuestros pecados para librarnos del presente siglo malo, conforme a la voluntad de nuestro Dios y Padre" (Gálatas 1.3-4. Énfasis suplido). De esa misma entrega el apóstol habla, cuando dice: "Con Cristo estoy juntamente crucificado, y ya no vivo yo, mas vive Cristo en mí; y lo que ahora vivo en la carne, lo vivo en la fe del Hijo de Dios, el cual me amó y *se entregó a sí mismo* por mí" (Gálatas 2.20. Énfasis suplido). Es decir, Jesucristo es nuestro Salvador del pecado y del

25

presente siglo malo. La vida del creyente tomó una nueva manera de mirar el presente. Todas la experiencias en mi presente "hoy" las comienzo a vivir a la luz de la promesa de salvación que nos llega por medio de la entrega de Jesús, garantizando en el presente, el futuro prometido en la entrega de Jesús, el *Señor*. "Ya" comienzo a vivir en el presente la promesa de vida abundante.

Victor Paul Furnish dice en su artículo "'He Gave Himself [Was Given] Up...': Paul's Use of a Christological Assertion" (Él se dio así mismo [fue entregado]: El Uso paulino de una afirmación cristológica), que la entrega de Jesucristo en algunos lugares en los textos bíblicos se describe como *rescate*, aunque nunca se identifica a quien pudo haber sido pagado: "el cual se dio a sí mismo en *rescate* por todos, de lo cual se dio testimonio a su debido tiempo (1 Timoteo 2.6. Énfasis suplido); Él se dio a sí mismo por nosotros para *redimirnos* de toda maldad y purificar para sí un pueblo propio, celoso de buenas obras" (Tito 2.14. Énfasis suplido); "porque el Hijo del hombre no vino para ser servido, sino para servir y para dar su vida en *rescate* por todos" (Marcos 10.45. Énfasis suplido) y "como el Hijo del hombre, que no vino para ser servido, sino para servir y para dar su vida en *rescate* por todos (Mateo 20.28. Énfasis suplido).

En otros lugares, la entrega de Jesucristo de sí mismo se ve como una demostración de su *amor*: "el cual me amó y *se entregó a sí mismo* por mí" (Gálatas 2.20b. Énfasis suplido); "Y andad *en amor*, como también Cristo nos amó y *se entregó a sí mismo* por nosotros, ofrenda y sacrificio a Dios en olor fragante (Efesios 5.2) y" [m]aridos, amad a vuestras mujeres, así como Cristo amó a la iglesia y *se entregó a sí mismo por ella"* (Efesios 5.25. Énfasis suplido).[8]

El tema fundamental en este aspecto, para parafrasear, nuevamente, a Victor Paul Furnish es que el apóstol Pablo quiere asegurarse que sus lectores no sean prisioneros de la Ley y el pecado, sino afirmarles que Cristo se dio por la iglesia para liberarla del presente siglo maligno. Para que seamos libres, Cristo nos hizo libres del presente mundo y del pecado.[9] El concepto de la salvación (la entrega de Jesús) por nuestros pecados para hacernos libres, significa disfrutar de la compañía de Cristo y es una realidad recurrente en la correspondencia paulina.

Cristo

El apóstol Pablo usa el título *Cristo* para referirse a Jesús como el *Ungido* de Dios, el *Mesías*. En Romanos capítulo 9, cuando Pablo se refiere a sus compatriotas, los judíos, dice: "A ellos también pertenecen los patriarcas, de los cuales, según la carne, vino *Cristo*, el cual es Dios sobre todas las cosas, bendito por los siglos. Amén" (Romanos 9.5. Énfasis suplido). Aunque sus hermanos no aceptaron a Jesús como el Mesías, él les declara que Jesús es el *Cristo*. Hay otros ejemplos donde el apóstol Pablo usa el nombre *Cristo* como si fuera parte de su nombre, como lo hacemos nosotros en español (Jesucristo). Joseph A. Fitzmyer,

---

[8] Victor Paul Furnish, "He Gave Himself [Was Given] Up...': Paul's Use of a Christological Assertion" in *The Future of Christology: Essays in Honor of Leander E. Keck*, Abraham J. Malherbe and Wayne A. Meeks, eds. (Minneapolis, Minnesota: Fortress Press, 1993), 111.

[9] Furnish, "He Gave Himself [Was Given] Up..., 113.

siguiendo a F. Hahn afirma que el apóstol Pablo pudo haber encontrado esta forma de referirse a Jesús como Jesucristo, en la tradición cristiana que le antecedió, donde se había convertido en una costumbre común.[10]

Larry W. Hurtado ha destacado que la confesión de Jesús como el *Cristo* está íntimamente relacionada con las esperanzas de Israel en una figura escatológica salvadora. El heredero real escatológico del trono de David es una forma dominante de la esperanza mesiánica de los judíos en el Antiguo Testamento. Además, Hurtado ha esbozado que el término *Mesías* pudo haber sido el título cristológico más usado para describir el ministerio de Jesús por algunos de sus seguidores y usado en contra de él por muchos otros.[11]

Señor

En el capítulo 10 de Romanos el apóstol Pablo hace la siguiente declaración: "Si confiesas con tu boca que Jesús es el *Señor* y crees en tu corazón que Dios lo levantó de entre los muertos, serás salvo" (Romanos 10.9. Énfasis suplido). De alguna manera, Pablo está consciente que Jesucristo es el *Señor* resucitado. Confesar a Jesucristo como Señor era parte de la confesión teológica de la iglesia neotestamentaria. Como consecuencia en la primera carta a los Corintios (posiblemente el más temprano uso de ese

---

[10] Fitzmyer, "The Christology of the Epistle to the Romans" ..., 83.

[11] Larry W. Hurtado, "Christology" in *The New Interpreter's Dictionary of the Bible*, ed. Katharine Doob Sakenfeld (Nashville: Abingdon Press, 2006-2009), 1: 612-22.

vocablo en el Nuevo Testamento[12]), Pablo les dice lo siguiente: "como tampoco nadie puede exclamar: «¡Jesús es el *Señor*!», sino por el Espíritu Santo" (1 Corintios 12.3. Énfasis suplido).

Sin lugar a duda, esta confesión teológica de que Jesucristo es el *Señor* reflejaba un uso familiar entre los primeros cristianos, al punto que ya formaba parte de sus cánticos de adoración como lo refleja la carta a los Filipenses: "y toda lengua confiese que Jesucristo es el *Señor*, para gloria de Dios Padre" (Filipenses 2 11. Énfasis suplido). Jesús como *Señor*, en su disposición de humillarse a sí mismo y someterse a la obediencia de Dios, hace, a la vista del apóstol Pablo, que el evento crucifixión-resurrección sea un evento único en su visión soteriológica. Larry Hurtado afirma "los creyentes deben amarrarse al poder transformador del evento crucifixión-resurrección y liberarse de las cadenas del pecado para optar por la libertad de la justicia y el servicio".[13] En el capítulo 6 de la epístola a los Romanos, Pablo dice:

> ¿Qué, pues, diremos? ¿Perseveraremos en el pecado para que la gracia abunde? ¡De ninguna manera! Porque los que hemos muerto al pecado, ¿cómo viviremos aún en él? ¿O no sabéis que todos los que hemos sido bautizados en Cristo Jesús, hemos sido bautizados en su muerte?, porque somos sepultados juntamente con él para muerte por el bautismo, a fin de que como Cristo resucitó de los muertos por la gloria del Padre, así

---

[12] Hurtado, "Christology" ...
[13] Hurtado, "Christology".

también nosotros andemos en vida nueva... No reine, pues, el pecado en vuestro cuerpo mortal, de modo que lo obedezcáis en sus apetitos; ni tampoco presentéis vuestros miembros al pecado como instrumentos de iniquidad, sino presentaos vosotros mismos a Dios como vivos de entre los muertos, y vuestros miembros a Dios como instrumentos de justicia. El pecado no se enseñoreará de vosotros, pues no estáis bajo la Ley, sino bajo la gracia (Romanos 6 1-4, 12-14).

Mientras escribía estas líneas un domingo 23 de marzo de 2025, estaba impedido de ir a la iglesia por motivos de una operación de catarata de mi ojo izquierdo. Suspendí por una hora el trabajo y me reuní con Carmen en la sala de nuestro hogar para tener en nuestra casa nuestro culto de domingo. Entre los cánticos que usamos para el culto, incluimos el de: *En el Monte Calvario estaba una cruz* y cuando regresé del culto a seguir, escribiendo, decidí incluirlo como parte de la afirmación de la adoración de la iglesia de que Jesucristo es el *Señor*, Salvador de judíos y gentiles

En el Monte Calvario (traducción al español) George Bennard

En el monte Calvario estaba una cruz,
emblema de afrenta y dolor,
más yo amo esa cruz do murió mi
Jesús
por salvar al más vil pecador.

Coro

¡Oh! yo siempre amaré esa cruz,
en sus triunfos mi gloria será;
y algún día en vez de una cruz,
mi corona Jesús me dará.

Y aunque el mundo desprecie la cruz
de Jesús,
para mi tiene suma atracción,
pues en ella llevó el Cordero de Dios
de mi alma la condenación.

En la cruz de Jesús do su sangre vertió,
hermosura contemplo sin par;
pues en ella triunfante a la muerte
venció,
y mi ser puede santificar.

Yo seré siempre fiel a la cruz de Jesús,
su oprobio con él llevaré,
y algún día feliz con los santos en luz
para siempre su gloria veré.

Detenga la lectura y adore al *Señor* por unos minutos. Visite el siguiente lugar de las redes sociales:

https://www.youtube.com/watch?v=VhFwbftk_DY

Hijo de Dios

Otro título cristológico que el apóstol Pablo usa en la epístola los Romanos es el de *Hijo de Dios*. Algunas citas que corroboran esta afirmación son las siguientes: (1) "evangelio que se refiere a su *Hijo*, nuestro Señor Jesucristo, que era del linaje de David según la carne" (Romanos 1.3. Énfasis suplido); (2) Dios, a quien sirvo en mi espíritu anunciando el evangelio de su *Hijo*, me es testigo de que sin cesar hago mención de vosotros siempre en mis oraciones" (Romanos 1.9. Énfasis suplido); (3) "porque, si siendo enemigos, fuimos reconciliados con Dios por la muerte de su Hijo, mucho más, estando reconciliados, seremos salvos por su vida" (Romanos 5.10. Énfasis suplido); (4) "Lo que era imposible para la Ley, por cuanto era débil por la carne, Dios, enviando a su *Hijo* en semejanza de carne de pecado, y a causa del pecado, condenó al pecado en la carne" (Romanos 8.3. Énfasis suplido); (5) "A los que antes conoció, también los predestinó para que fueran hechos conformes a la imagen de su *Hijo*, para que él sea el primogénito entre muchos hermanos" (Romanos 8. 29. Énfasis suplido); y (6) "El que no escatimó ni a su propio *Hijo*, sino que lo entregó por todos nosotros, ¿cómo no nos dará también con él todas las cosas?" (Romanos 8.32. Énfasis suplido). Joseph A. Fitzmyer señala que Pablo:

> [P]ercibe que Jesús fue constituido *Hijo de Dios* en poder por su resurrección de los muertos: "que fue declarado *Hijo de Dios* con poder, según el Espíritu de santidad, por su resurrección de entre los muertos" (Romanos

1.4. Énfasis suplido). Es decir, él se ha constituido en una fuerza vivificante para todos aquellos y aquellas que lo reconocen como el Señor resucitado.[14]

Todas estas citas de la epístola a los Romanos van encaminadas a demostrar que el evangelio que el apóstol Pablo les presentó a los que estaban en Roma, judíos y gentiles, al igual que nosotros hoy, tiene su inescapable realidad que no se puede ofrecer fuera del *Hijo de Dios*, resucitado en el poder del Espíritu.

Pero, esto no es todo, ya que hay una estrecha colaboración entre la revelación en el Antiguo Testamento y la revelación de Jesús en el Nuevo Testamento. Por ejemplo, veamos, por un lado, lo que Pablo dice en la epístola de Romanos: "Os digo que Cristo Jesús vino a ser siervo de la circuncisión para mostrar la verdad de Dios, para confirmar las promesas hechas a los padres, y para que los gentiles glorifiquen a Dios por su misericordia, como está escrito" (Romanos 15.8-9). Por otro lado, vemos lo que el apóstol Pablo dice en su epístola a los Gálatas; "Ahora bien, a Abraham fueron hechas las promesas, y a su descendencia. No dice: «Y a los descendientes», como si hablara de muchos, sino como de uno: «Y a tu descendencia», la cual es Cristo" (Gálatas 3.16). De igual manera, para redefinir las promesas del amor de Dios, Larry Hurtado nos dice "que Pablo hábilmente nos hace conscientes de que Dios eficientemente redefine quienes son los electos, que ya no son los que la Ley nos ha revelado, ahora son todas aquellas personas que han abrazado la

---

[14] Fitzmyer, "The Christology of the Epistle to the Romans" …, 85.

invitación a poner su fe en Jesús.[15] Esta realidad se ve clara en el capítulo 8 de la carta a los Romanos:

> Pues no habéis recibido el espíritu de esclavitud para estar otra vez en temor, sino que habéis recibido el Espíritu de adopción, por el cual clamamos: «¡Abba, Padre!» El Espíritu mismo da testimonio a nuestro espíritu, de que somos hijos de Dios. Y si hijos, también herederos; herederos de Dios y coherederos con Cristo, si es que padecemos juntamente con él, para que juntamente con él seamos glorificados (Romanos 8. 15-17).

Y , también en el capítulo 4 de la carta a los Gálatas:

> Pero cuando vino el cumplimiento del tiempo, Dios envió a su Hijo, nacido de mujer y nacido bajo la Ley, para redimir a los que estaban bajo la Ley, a fin de que recibiéramos la adopción de hijos. Y por cuanto sois hijos, Dios envió a vuestros corazones el Espíritu de su Hijo, el cual clama: «¡Abba, Padre!» (Gálatas 4.4-6).

Sin lugar a duda, todos estos pasajes afirman que en la cristología del apóstol Pablo, Jesús como Hijo de Dios y, como primogénito de los muertos, es el medio de salvación de la esclavitud al pecado del ser humano. Dios en Cristo por medio del Espíritu Santo es la esperanza de vida en el presente y en el futuro. Me parece que la idea central que el apóstol quiere dejar clara y en esto concurro con Mike Day[16]

---

[15] Hurtado, "Christology".

[16]https://www.academia.edu/96820634/Is_Pauls_Chr istology_an_aberration_from_a_development_within_or_a_res

es que en la presencia de Jesús, como Hijo de Dios, se manifiesta la revelación de las acciones redentoras y la relación especial de Jesús con Dios a favor del ser humano y la creación. Es decir, el Jesús, Hijo de Dios-resucitado se convierte para el ser humano y la creación en el agente escatológico-mesiánico de la salvación de la ira de Dios. Así lo dice el apóstol Pablo en la primera carta a los Tesalonicenses: "y esperar de los cielos a su Hijo, al cual resucitó de los muertos, a Jesús, quien nos libra de la ira venidera" (1 Tesalonicenses 1.10). Debo añadir que la tesis de Mike Day es "que la cristología de Pablo es un desarrollo creativo y continuo, dentro del compromiso del monoteísmo judío de adorar a un Dios. Aunque sin precedentes y novel, la temprana devoción a Cristo se desarrolló dentro del marco del monoteísmo judío en donde emergió".[17]

El Segundo Adán

Este es un tema importante para el apóstol Pablo. El apóstol quiere afirmar con suma claridad a los creyentes en Roma que un nuevo tiempo de salvación se ha iniciado: "[P]ues el fin de la Ley es Cristo, para justicia a todo aquel que cree" (Romanos 10.4). Es una manera de decir, Cristo es la esperanza de salvación para los judíos y gentiles. Cristo se convirtió en esperanza para la nueva humanidad. Ya para los que

---

tating_of_Deuteronomic_monotheism. Accedido 24 de marzo de 2025.

[17]https://www.academia.edu/96820634/Is_Pauls_Chr istology_an_aberration_from_a_development_within_or_a_res tating_of_Deuteronomic_monotheism. Accedido 24 de marzo de 2025.

esperan en Cristo, la muerte, no tiene la última palabra porque Cristo es la promesa de vida: "No obstante, reinó la muerte desde Adán hasta Moisés, aun en los que no pecaron a la manera de la transgresión de Adán, el cual es figura del que había de venir" (Romanos 5.14). Aunque el apóstol Pablo no menciona en la epístola a los Romanos a Jesús como el Segundo Adán, en su primera carta a los Corintios sí lo dice claramente: "Así también está escrito: «Fue hecho el primer hombre, Adán, alma viviente»; el postrer Adán, espíritu que da vida" (1 Corintios 15.45).

El apóstol Pablo está muy seguro y consciente de que Jesús no es solamente importante para el presente, sino , también para el futuro. Su resurrección es la garantía de los que confían en él. En 1 Corintios dice:

> Pero ahora Cristo ha resucitado de los muertos; primicias de los que murieron es hecho, pues por cuanto la muerte entró por un hombre, también por un hombre la resurrección de los muertos. Así como en Adán todos mueren, también en Cristo todos serán vivificados. Pero cada uno en su debido orden: Cristo, las primicias; luego los que son de Cristo, en su venida. Luego el fin, cuando entregue el Reino al Dios y Padre, cuando haya suprimido todo dominio, toda autoridad y todo poder (1 Corintios 15.20-24).

La promesa de esa garantía es que el estado futuro de los que confían en Cristo será semejante al del Cristo resucitado. Es decir, cuando llegue el tiempo escatológico los que han creído en Cristo serán vivificados para ser parte del reino eternal de

Dios. Seremos tal como Cristo es. "Pero nuestra ciudadanía está en los cielos, de donde también esperamos al Salvador, al Señor Jesucristo. Él transformará nuestro cuerpo mortal en un cuerpo glorioso semejante al suyo" (Filipenses 3.20-21).

No tengo duda alguna que para el apóstol Pablo, Jesús representa vida para la nueva humanidad por motivo de la resurrección de los muertos. Por un lado, a esta realidad la epístola a los colosenses le llama: "Él es también la cabeza del cuerpo que es la iglesia, y es el principio, el primogénito de entre los muertos, para que en todo tenga la preeminencia" (Colosenses 1.18). Por otro lado, la carta del vidente de Patmos, lo dice de la siguiente manera: "y de Jesucristo, el testigo fiel, el primogénito de los muertos y   el soberano de los reyes de la tierra. Al que nos ama, nos ha lavado de nuestros pecados con su sangre" (Apocalipsis 1.5). El apóstol Pablo deja claro en la epístola a los Romanos que "por el bautismo fuimos sepultados con él en su muerte, para que así como Cristo resucitó de los muertos por la gloria del Padre, así también nosotros vivamos una vida nueva" (Romanos 6.4). Es decir, la nueva vida en Cristo es consecuencia del evento muerte-resurrección de Jesucristo.

Una soteriología neumática y cristológica

Como pentecostal quiero pensar que proyecto de salvación de Dios con la nueva humanidad es uno que incluye una acción tanto de Jesús como del Espíritu. Quiero pensar que la soteriología de Pablo es tanto cristológica como neumática. No es posible hablar de la obra de Cristo sin la presencia del Espíritu Santo, pero tampoco es posible hablar de la obra del Espíritu Santo sin la presencia de Cristo. Los tres miembros de la Trinidad están presentes en la obra de cada uno. El apóstol Pablo nos dice: "El Señor es el Espíritu" (2 Corintios 3. 17). En la soteriología del apóstol Pablo, el Padre envía al Hijo, el Hijo obedece y el Espíritu Santo unge al Hijo para su misión, el Padre y el Hijo envían al Espíritu Santo sobre la iglesia para que ésta haga la misión de Dios en el mundo.

Leopoldo A. Sánchez dice que "la Biblia y los credos señalan hacia el Dios amoroso que se entrega así mismo por la humanidad en su Hijo y en su Espíritu".[18] Es decir, "la salvación depende de la realidad del trino Dios, otra vez nadie que no sea ni más ni menos en tres personas diferenciadas, relacionados con la humanidad como el Padre que se da así mismo a la criatura en su Hijo y el Espíritu. La identidad de Jesús como el Hijo encarnado de Dios y el receptor, portador y dador del Espíritu de Dios, nos ofrece acceso a esta realidad trinitaria en su aspecto económico [*opera at extra*, relación del Dios trino con su creación], e inmanente [*opera at intra*, relación interna del Dios trino]".[19]

La unión entre Jesús y Dios que se ve en la cristología paulina se expresa en una nueva manera de presentar a Jesús y a Dios; no solo redefine a Jesús,

---

[18] Leopoldo A. Sánchez, Receiver, *Bearer, and Giver of God's Spirit: Jesus' Life in the Spirit as a Lens for Theology and Life* Pickwick Publications, an-Imprint of Wipf and Stock Publishers. Kindle Edition, 90. Traducción de este autor.

[19] Sánchez, Receiver, *Bearer, and Giver of God's Spirit...*, 94. Traducción de este autor.

como su Hijo, sino, también a Dios. El Dios de Abraham es, también, el Padre de nuestro Señor Jesucristo. El apóstol Pablo afirma esta verdad de la siguiente manera: "[S]i no también con respecto a nosotros a quienes igualmente ha de ser contada, es decir, a los que creemos en aquel que levantó de los muertos a Jesús, Señor nuestro, el cual fue entregado por nuestras transgresiones, y resucitado para nuestra justificación" (Romanos 4.24-25).

Parafraseando al erudito del Nuevo Testamento, Leander E. Keck digo: Dios resucitó a Jesús y la resurrección de Jesús inauguró un nuevo eón, la nueva creación. Por definición, la nueva creación rectificó todo lo que había ido erróneo desde Adán. Es decir, al Dios resucitar a Jesús, comenzó a rectificar a toda la gente y todas las cosas. Ya que esta rectificación está basada en el carácter de Dios, es decir, sucedió aparte de la ley. Porque Jesús es el Hijo de Dios y su fidelidad hasta la muerte, manifiesta la fidelidad de Dios a la creación. Por consecuente, Dios se manifiesta como Dios justificando a los infieles.[20] Esto mismo dicho en las palabras del apóstol Pablo resuena de la siguiente manera en la epístola del apóstol a los Romanos:

> Pero ahora, aparte de la Ley, se ha manifestado la justicia de Dios, testificada por la Ley y por los profetas: la justicia de Dios por medio de la fe en Jesucristo, para todos los que creen en él, porque no hay diferencia, por cuanto todos pecaron y están destituidos de la gloria de Dios, y son justificados

---

[20] Leander E. Keck, *Renewing New Testament Christology*, (Minneapolis, Minnesota: Fortress Press, 2023), 104.

> gratuitamente por su gracia, mediante la redención que es en Cristo Jesús, a quien Dios puso como propiciación por medio de la fe en su sangre, para manifestar su justicia, a causa de haber pasado por alto, en su paciencia, los pecados pasados, con miras a manifestar en este tiempo su justicia, a fin de que él sea el justo y el que justifica al que es de la fe de Jesús (Romanos 3.21-26).

De una manera hermosa y compasiva en su segunda carta a los Corintios, Pablo lo dice de la siguiente forma:

> Dios estaba en Cristo reconciliando consigo al mundo, no tomándoles en cuenta a los hombres sus pecados, y nos encargó a nosotros la palabra de la reconciliación. Así que, somos embajadores en nombre de Cristo, como si Dios rogara por medio de nosotros; os rogamos en nombre de Cristo: Reconciliaos con Dios. Al que no conoció pecado, por nosotros lo hizo pecado, para que nosotros seamos justicia de Dios en él (2 Corintios 5.19-21).

En esta afirmación el apóstol Pablo está testificando lo que algunos teólogos pentecostales contemporáneos dicen con relación al presente y el futuro. Este "aquí y ahora" hay que entenderlo a la luz de la resurrección de Jesús. Por consiguiente, el futuro, fruto de la resurrección de Jesús, debe iluminar nuestro presente, de manera que este eón no tenga la última palabra, sino la resurrección de Jesús que muestra de forma convincente que en Jesús, Dios ha comenzado una nueva creación.

Otra manera de aseverar la esperanza del evangelio que el apóstol Pablo describe en la cristología de su correspondencia es destacar la fidelidad de Dios a sus promesas. Éstas fueron compartidas con la llegada del reino de Dios en la persona de Jesucristo. Concurro con J. Christian Beker[21], cuando declara:

El evangelio inculca una pasión tan poderosa en nosotros que ningún retraso de la Segunda Venida del Señor o una continua cronología de la historia pueda afectarnos. Tenemos que entender que esta pasión no puede ser neutralizada, ni por las ciencias naturales, ni por las filosofías de la historia. Cuando olvidamos la urgencia de esta esperanza y su actualización en la historia distorsionamos el evangelio de Pablo y su significado para nosotros. Por lo tanto, nuestra pasión por la llegada del triunfo tiene dos centros: Primero, nuestro gozo al celebrar el "ya" de la presencia de Cristo en nuestro mundo. Una presencia que prometa la sanidad de la creación en el triunfo final de Cristo. Y segundo: Nuestra agonía en el horroroso "todavía no", debido al carácter incompleto de la presencia de Dios en nuestro mundo.[22]

---

[21] J. Christiaan Beker fue teólogo holandés, que sufrió persecución del gobierno nazi en Holanda, durante la segunda Guerra Mundial. Posteriormente, emigró a Estado Unidos y se convirtió en Profesor de Nuevo Testamento de Princeton Theological Seminary.

[22] J. Christian Beker, "The Promise of Paul's Apocalyptic for Our Times" in *The Future of Christology: Essays in Honor of Leander E. Keck*, Abraham J. Malherbe and Wayne A.

Si nuestro presente está lleno de nuestra esperanza futura que ilumina nuestro "aquí y ahora" podemos ver el gozo del futuro prometido por Dios en las vivencias diarias y, a pesar de sus contracciones, aprendemos a decir con Jesucristo: "Padre, si quieres, pasa de mí esta copa; pero no se haga mi voluntad, sino la tuya" (Lucas 22.42). La grandeza de la vivencia del futuro en el presente es nuestra capacidad para aceptar la voluntad de Dios en nuestras vidas.

Conclusión

Comencé este capítulo, diciendo que en Jesús, Dios visitó a los seres humanos y la creación para salvarlos y darle vida abundante. Participar en Cristo es participar de "una esperanza contra esperanza" (Romanos 4.18). Como Abraham, también, nosotros tenemos que creer en el que "da vida a los muertos y llama las cosas que no son como si fueran" (Romanos 4.17b). Por eso los que creen en "esperanza contra esperanza" la muerte ya no se enseñorea de ellos.

Luego, en los títulos mesiánicos de Jesús en la cristología paulina, traté de identificar la relación íntima de Jesús con Dios y cómo ésta propiciaba la salvación del ser humano alejado de Dios. La intención era clarificar por qué el ser humano y toda la creación necesitan un Salvador. Con este análisis buscaba identificar cómo Dios en Cristo libera a los creyentes de la Ley y del pecado.

Meeks, eds. (Minneapolis, Minnesota: Fortress Press, 1993), 111.

En los títulos mesiánicos analicé a *Cristo*, el *Ungido*, como dador de esperanza, al Señor, como portaestandarte de la salvación, al *Hijo de Dios*, para afirmar que la salvación no se puede ofrecer fuera del *Hijo de Dios* resucitado, el Segundo Adán, quien se convirtió en la esperanza para los judíos y gentiles. Estos títulos mesiánicos proveen esperanza porque la unión de Jesús y Dios en la cristología paulina ofrece la justicia de Dios, testificada por la Ley y los Profetas. "Dios estaba en Cristo reconciliando consigo al mundo"(2 Corintios 5.19a).

Las afirmaciones de la cristología del apóstol Pablo constantemente confirman el significado soteriológico de la misión de Jesús. En Jesús, el Padre, en el poder del Espíritu envió al mundo al Hijo para salvarnos del pecado del presente siglo. Para colocarlo en las palabras de mi profesor Leander E. Keck: El Nuevo Testamento "consistentemente afirma el significado soteriológico de la preexistencia, resurrección y triunfo escatológico de Cristo".[23]

Espero que este análisis de la cristología paulina les ofrezca una oportunidad para disfrutar la entrega de Jesús por nosotros para transformar nuestro "aquí y ahora" a la luz de la esperanza del "todavía no" del Cristo resucitado. Es decir, el evangelio que el apóstol Pablo nos presenta es uno de salvación del presente eón y de vida abundante ahora y en su Segunda Venida.

---

[23] Keck, *Renewing New Testament Christology...*, 159.

Preguntas de repaso:

1. Enumere los títulos cristológicos de la cristología paulina.
2. ¿Qué quiere decir una cristología neumática y cristológica?
3. ¿Cuál es la importancia de la relación íntima de Jesús con Dios y cómo ésta propicia la salvación del ser humano alejado de Dios?
4. Describa el concepto paulino que en Jesús, el Padre, en el poder del Espíritu envió al mundo al Hijo para salvarnos del pecado del presente siglo.

Capítulo 2

UNA CRISTOLOGÍA DEL EVANGELIO DE MARCOS

Introducción

Mi primer encuentro con la cristología de los evangelios fue en el otoño de 1972. Acababa de llegar a Candler School of Theology of Emory University en Atlanta, Georgia para terminar el grado de Maestría en Divinidad. Ya había terminado la mitad de los requisitos del grado en el Seminario Evangélico de Puerto Rico. El curso que me inició en el estudio de la cristología de los evangelios se titulaba: *In the Search of the Historical Jesus* (En la búsqueda del Jesús histórico), con el profesor Hendrikus Boers, un erudito del Nuevo Testamento de África del Sur. Posteriormente tomé un curso de Exégesis de Marcos y otros cursos de Cristología de los evangelios con Leander E. Keck, un renombrado erudito internacional del Nuevo Testamento. Tanto Boers como Keck, desde dos perspectivas bíblico-teológicas completamente diferentes, me iniciaron en los estudios de cristología del Nuevo Testamento. Con ellos me familiaricé con *The Quest of the Historical Jesus* (La búsqueda del Jesús histórico) de Albert Schweitzer y con *The Messianic Secret* (El secreto Mesiánico) de William Wrede, dos clásicos del estudio de la cristología de los evangelios.

Marcos

En este estudio de la cristología del evangelista Marcos quiero dedicar tiempo a examinar el contenido de este breve evangelio que, la erudición neotestamentaria, afirma es el primero de los evangelios. Mi propósito es identificar, a lo largo del estudio del contenido del evangelio, aquellas experiencias en el relato del evangelio de Marcos, donde se pueda identificar una afirmación cristológica sea del autor, de Jesús, del Padre, del Espíritu Santo, de los discípulos, o de algunos de los personajes del relato del evangelio. Revisaré alguna literatura escrita sobre estos pasajes y ofreceré mi parecer sobre la cristología que nos presenta el evangelio de Marcos. Debo advertir a mis lectores que mi acercamiento al evangelio de Marcos estará afectado por mi perspectiva pentecostal wesleyana hispana, masculina y por mi realidad de estudioso del siglo XXI de un texto de la séptima década del siglo I.

En demasiadas ocasiones, en el estudio del contenido de la cristología del evangelio de Marcos, he leído a autores recomendar que no debemos acercarnos al texto del evangelio para leer nuestra cristología, ya aprendida y aplicársela al texto del evangelio de Marcos. Sin embargo, ellos mismos, le imponen su propia estructura al contenido del evangelio y terminan imponiéndoles su cristología al evangelio de Marcos. Les anticipo que intentaré hacer, lo mejor que pueda, para no imponer a mi lectura de Marcos mis prejuicios, identificados arriba, y los de los eruditos que han afectado mi conocimiento en mi formación teológica, pero no se lo garantizo. Mi mayor interés es propiciar un diálogo que nos ayude a entender el proyecto de historia de la salvación de Dios para el ser humano y la creación desde el texto del evangelio de Marcos. Confío que será una experiencia gratificante.

Debo decir, adicionalmente, en estos párrafos introductorios, que no hay evidencia en el texto que afirme quién fue el escritor de este evangelio. Aunque la tradición muy temprana le atribuyó la autoría de este evangelio a Juan Marcos y lo asociaba con el apóstol Pedro. Lo cierto es, por las razones que fueran, que el autor no se identificó en el escrito y prefirió mantenerse en el anonimato. En las Escrituras, en la mayoría de los casos, lo importante es el mensaje de la historia de la salvación y no tanto quienes son los autores humanos de los libros. Es más importante, para los escritores del texto bíblico, hablar de la fidelidad de Dios al proyecto de esperanza y de la respuesta en obediencia del pueblo de Dios al proyecto de salvación del Dios, que identificarse como autores de los diferentes libros del texto bíblico.

Como les adelanté al principio de este ensayo, quiero detenerme en los pasajes cristológicos del evangelio de Marcos para examinarlos con detenimiento y resaltar el mensaje que nos transmite. Sé que cada estudioso carga con su maleta interpretativa y yo también cargo con la mía. No tendré reparos en concurrir o diferir de algunos estudiosos del tema y, de igual manera, expresar mis propias opiniones con humildad y convicción. Esa es la realidad de toda conversación, ya sea oral o escrita.

Contenido cristológico en el evangelio de Marcos

Arrancamos, examinando la primera oración del evangelio. El evangelio de Marcos comienza con una clara definición: "*Principio* del *evangelio* de *Jesucristo*, *Hijo de Dios*. (Marcos 1.1. Énfasis suplido). Quiero afirmar que el evangelista Marcos, que escribe cuatro décadas después de los acontecimientos que narra, percibía que su audiencia cristiana sabía quién era Jesús y que lo consideraba *Mesías* e *Hijo de Dios*. Reconozco que hay algunos estudiosos del evangelio de Marcos que tienen una opinión diferente. Por ejemplo J.R. Daniel Kirk[24] dice que los lectores del siglo XXI del evangelio de Marcos no deben caer en la trampa de traer su desarrollado concepto sobre la cristología de Jesús e imponérselo al texto de Marcos. Claro, Kirk, también, le está imponiendo su criterio del siglo XXI a su lectura del evangelio de Marcos. Él asume que la audiencia de Marcos no sabía lo que significaba el concepto *mesías* y que, por otro lado, Jesús no llenaba los requisitos de una figura *preexistente* en la esperanza mesiánica judía.[25]

Por otro lado, concurro con Larry W. Hurtado[26] quien dice que el relato del evangelio de Marcos promueve creencias acerca del significado único de Jesús con Dios que puede entenderse como

---

[24] J. R. Kirk es un estudioso del Nuevo Testamento que reside en Dallas, Texas.

[25] J. R Daniel Kirk, "Narrative Christology of a suffering king" en Antony Le Donne ed. *Christology in Mark Gospel: 4 Views*, (Grand Rapids, MI: Zondervan Academic, 2021), 138.

[26] Larry W. Hurtado fue Profesor de Nuevo Testamento, Literatura y Teología en la Universidad de Edinburgh, Scotland, Reino Unido.

un evangelio profundamente cristológico. En otras palabras, Hurtado sostiene que Jesús tuvo una relación única con Dios que no se puede comparar con otras figuras.[27]

Principio

Lo primero que quiero destacar es cómo el evangelista inicia el relato del evangelio de Marcos. Su interés es afirmar cómo comenzó (*el principio*) la buena noticia (*el evangelio*) que la comunidad de fe a la que se dirige el evangelista tenía que continuar proclamando en su contexto. Era un mensaje de redención de Dios para el ser humano y la creación por medio de Jesús. El principio del evangelio está sustentado por el mensaje de redención de los profetas. Aunque el escritor del evangelio menciona solo al Profeta Isaías, la primera parte de la cita es Éxodo: "Yo envío mi ángel delante de ti, para que te guarde en el camino y te introduzca en el lugar que yo he preparado" (Éxodo 23.20) y del profeta Malaquías: "Yo envío mi mensajero para que prepare el camino delante de mí. Y vendrá súbitamente a su Templo el Señor a quien vosotros buscáis; y el ángel del pacto, a quien deseáis vosotros, ya viene, ha dicho Jehová de los ejércitos" (Malaquías 3.1).

La segunda parte de la cita es del profeta Isaías y dice: "Voz que clama en el desierto: ¡Preparad un camino a Jehová; nivelad una calzada en la estepa a nuestro Dios! ¡Todo valle sea alzado y bájese todo

---

[27] Larry W. Hurtado, "Mark 's Presentation of Jesus" en Antony Le Donne ed. *Christology in Mark Gospel: 4 Views*, (Grand Rapids, MI: Zondervan Academic, 2021).

monte y collado! ¡Que lo torcido se enderece y lo áspero se allane! Entonces se manifestará la gloria de Jehová y toda carne juntamente la verá, porque la boca de Jehová ha hablado" (Isaías 40:3-5).

Todo esto para decir que la buena noticia (el *evangelio*) de Jesús es la buena noticia que se anunció en la Ley, los Escritos y los Profetas. Es el mismo proyecto de redención y salvación que se anunció desde Génesis dirigido al pueblo de Dios y a todas las naciones. Observen que en la cita de Éxodo dice: "Yo envío mi ángel delante de ti, para que te guarde en el camino y te introduzca en el lugar que yo he preparado". Esta es una referencia directa a la liberación del pueblo de Dios y, en cierto sentido, Juan el Bautista se convierte en el ángel que prepara el camino para el Jesús de la salvación de Dios para su pueblo y todas las naciones. Como dice Morna D. Hooker[28], "la palabra *principio* identifica el comienzo de la historia que el evangelista va a narrar en el prólogo del evangelio y en la historia que sigue".[29]

Evangelio

El tema central de esa buena noticia (el *evangelio*) era Jesús y en él: "El tiempo se ha cumplido y el reino de Dios se ha acercado. ¡Arrepentíos y creed en el evangelio!" (1.14). Concurro con Hurtado, cuando

---

[28] Morna D. Hooker es profesora de la Cátedra de la Señora Margaret de Divinidad en la Universidad de Cambridge en Inglaterra.

[29] Morna D. Hooker, "The Beginning of the Gospel" in *The Future of Christology*, Abrahm J. Malherbe y Wayne A. Meeks, eds. (Minneapolis: Fortress Press,1993), 23. La traducción al español de esta cita y otras en esta obra es de este autor.

dice que: "este *evangelio* tiene que ser proclamado antes a todas las naciones" (13.10) como una precondición para la futura esperanza para el establecimiento del reino de Dios".[30]

Sostengo que en la persona de Jesús, el *Cristo*, se encarnó la inminente llegada del reino de Dios para todos aquellos que aceptaron su mensaje. Por consiguiente, los que aceptaron y creyeron el mensaje de la buena noticia (el *evangelio*) experimentaron en "el aquí y ahora" las bendiciones adelantadas (salvación, sanidad, promesas, compañía de Dios), de la presencia del reino de Dios en la persona de Jesús en espera de la manifestación plena en el futuro. Parafraseando a Marinus de Jonge[31], puedo decir: Aquellos que escucharon el mensaje del reino de Dios serían salvos y tomarían parte de la gloria inherente de este cambio porque Jesús, el *Ungido* de Dios y mensajero del reino de Dios, fue resucitado y vindicado por Dios.[32] Concurro con Morna D. Hooker, cuando dice que lo que nos narra el evangelista Marcos en su evangelio no es un resumen de los eventos futuros, pero sí la información cristológica que nos provee el conocimiento necesario para entender esos eventos.[33]

---

[30] Hurtado, *"Mark's Presentation of Jesus"* ..., 84.

[31] Marinus de Jonge fue profesor de Nuevo Testamento y Temprana Literatura Cristiana en la Universidad de Leiden, Holanda.

[32] Marinus de Jonge, "Significance of Jesus' Preaching the Kingdom of God in *The Future of Christology*, Abrahm J. Malherbe y Wayne A. Meeks, eds. (Minneapolis: Fortress Press,1993), 9.

[33] Hooker, "The Beginning of the Gospel" ..., 23.

Jesús el Cristo

Lo próximo que señala el evangelista es que este Jesús es el *Mesías*. Es decir, este es el *Ungido* de Dios. Este es el *salvador* prometido al pueblo de Dios; es el *profeta* prometido: "Un profeta como yo te levantará Jehová, tu Dios, de en medio de ti, de tus hermanos; a él oiréis" (Deuteronomio 18.15). Esta es la *raíz* de Isaí: "Acontecerá en aquel tiempo que la raíz de Isaí, la cual estará puesta por pendón a los pueblos, será buscada por las gentes; y su habitación será gloriosa" (Isaías 11.10). Sin lugar a duda, este es el *Ungido* de Dios para su pueblo y en quien todas las naciones del mundo serán bendecidas.

Como dice Sandra Huebenthal[34] este es el *Ungido* que proclama la llegada del reino de Dios que ya había sido profetizado por el profeta Isaías, acompañado por las señales anticipadas en esa profecía: "Entonces los ojos de los ciegos serán abiertos y destapados los oídos de los sordos. Entonces el cojo saltará como un ciervo y cantará la lengua del mudo, porque aguas serán cavadas en el desierto y torrentes en la estepa" (Isaías 35.5-6). El autor del evangelio de Marcos no deja duda alguna que la realidad de Jesús como *Ungido* de Dios, su audiencia la interpretaba a la luz de la profecía de Isaías.[35] Claro, Huebenthal adscribe la profecía sólo al profeta Isaías, porque esa es su estructura desde donde ella analiza el relato del evangelista Marcos,

---

[34] Sandra Huebenthal es profesora de Exégesis y Teología Bíblica en la Universidad de Passau, Alemania.

[35] Sandra Huebenthal, "Suspended Christology" en Antony Le Donne ed. *Christology in Mark Gospel: 4 Views* (Grand Rapids, MI: Zondervan Academic, 2021), 20. Énfasis suplido.

pero, como he dicho antes, hay otros libros del Antiguo Testamento que el evangelista cita, además del profeta Isaías, para puntualizar que el mensaje de Jesús el *Cristo* corresponde al mensaje de redención de todo Antiguo Testamento.

Como dice J. R. Daniel Kirk, el Jesús de Marcos se presenta como una figura, por lado, auténticamente humana quien es empoderado como el *Cristo* (*Ungido*) por el Espíritu y por medio de este empoderamiento toma su trono mesiánico como consecuencia del rechazo de las autoridades religiosas y civiles, del sufrimiento, de la crucifixión y de la muerte.[36] Es bueno destacar, por otro lado, que no encontramos una referencia en el evangelio de Marcos sobre la preexistencia de Jesús. Es decir, en el evangelio de Marcos, no tenemos relatos del nacimiento de Jesús como una intervención sobrenatural del Espíritu, como en Mateo y Lucas. Sobre este particular se pregunta Hurtado: ¿Es la ausencia de una declaración explícita de la preexistencia de Jesús en el evangelio de Marcos, evidencia de que el autor ignoraba esta creencia o que deseaba negarla? La respuesta de Hurtado a esta pregunta es un rotundo *no* y sostiene su *no* con el siguiente argumento: Los autores primitivos cristianos refutaban de inmediato lo que ellos consideraban errores de creencias. La ausencia de ese esfuerzo en el evangelio de Marcos es digna de notar.[37]

---

[36] Kirk, "Narrative Christology of a suffering king" …, 140.

[37] Hurtado, "*Mark's Presentation of Jesus*" …, 182. Énfasis de este autor.

Marcos

Hijo de Dios

Lo próximo que dice el autor del evangelio de Marcos es que Jesús es *Hijo de Dios*. La expresión *Hijo de Dios* algunos estudiosos del evangelio de Marcos la ven como una expresión que cobró significado en la temprana tradición cristiana para identificar la idea de la relación especial entre el Jesús el *Ungido* y el Padre en la historia de la salvación. Por ejemplo, para Sandra Huebenthal Jesús como el *Ungido* de Dios "es el mensajero escatológico del reino de Dios y como tal es capaz de sanar enfermos y echar fuera demonios".[38]

A la pregunta del sumo sacerdote en el capítulo 14: "¿Eres tú el Cristo, el Hijo del Bendito?" Jesús le dijo: "Yo soy" (14.61b - 62a). Esto demuestra que en algunas ocasiones en el evangelio de Marcos, además del evangelista llamar a Jesús "Hijo de Dios" al principio del evangelio, Jesús mismo, también, en algunas ocasiones en el evangelio de Marcos, se refirió a sí mismo como "Hijo de Dios". Sobre este tema, Hurtado dice que en la parábola de los labradores malvados (12.1-12), *el hijo amado*, quien es el heredero de la viña, es una identificación de Jesús mismo que recuerda el contenido de la voz divina del bautismo: "Tú eres mi Hijo amado, en ti tengo complacencia" (1.11) y la otra voz divina de la transfiguración: "Éste es mi Hijo amado; a él oíd" (9.7). De igual manera, Hurtado, afirma que la declaración de Jesús: "Pero de aquel día y de la hora nadie sabe, ni aun los ángeles que están en el cielo, ni

---

[38] Huebenthal, *"Suspended Christology"* ..., 18.

54

el Hijo, sino el Padre" (13.32), parece atestiguar que Jesús se identificó a sí mismo como *Hijo de Dios*.[39]

La expresión "Hijo de Dios" aparece directamente en cuatro textos del evangelio de Marcos: (1.11; 5.7; 15.39) y en tres formas variadas: "mi Hijo amado" (1.11: 9.7), en la voz del padre y en la pregunta del sumo sacerdote. "¿Eres tú el Cristo, el Hijo del Bendito?" (14.61). Dice Sandra Huebenthal que las expresiones el *Cristo* e *Hijo de Dios* tienen en común que ambas se pueden entender tanto desde un trasfondo judío como no judío.[40]

Morna D. Hooker dice sobre este tema que "la convicción que el Espíritu Santo está obrando a través de Jesús [Hijo de Dios] y que Jesús ha derrotado a Satanás es de suma importancia para entender el ministerio de exorcismos de Jesús".[41] El relato del texto bíblico dice lo siguiente:

> Volvieron a casa, y se juntó de nuevo tanta gente que ni siquiera podían comer pan. Cuando lo oyeron los suyos, vinieron para prenderlo, porque decían: «Está fuera de sí.» Pero los escribas que habían venido de Jerusalén decían que tenía a Beelzebú, y que por el príncipe de los demonios echaba fuera los demonios. Y habiéndolos llamado, les hablaba en parábolas: ¿Cómo puede Satanás echar fuera a Satanás? Si un reino está dividido contra sí mismo, tal reino no puede permanecer. Y si una casa está dividida contra sí misma, tal casa no puede permanecer. Y si

---

[39] Hurtado, "*Mark's Presentation of Jesus*" ..., 81.

[40] Huebenthal, "*Suspended Christology*" ..., 19.

[41] Hooker, "*The Beginning of the Gospel*" ..., 26.

Satanás se levanta contra sí mismo y se divide, no puede permanecer, sino que ha llegado su fin.» Nadie puede entrar en la casa de un hombre fuerte y saquear sus bienes, si antes no lo ata; solamente así podrá saquear su casa.»De cierto os digo que todos los pecados y las blasfemias, cualesquiera que sean, les serán perdonados a los hijos de los hombres; pero el que blasfeme contra el Espíritu Santo, no tiene jamás perdón, sino que es reo de juicio eterno. Es que ellos habían dicho: "Tiene espíritu impuro" (3.20-30).

La preparación del camino de Juan el Bautista para la misión de esperanza de Jesús

La visión que tiene el evangelista Marcos sobre Jesús está enmarcada en la tradición profética del Antiguo Testamento. En esa tradición profética de esperanza surge en el evangelio de Marcos la figura de Juan el Bautista, quien, como profeta de esperanza, identifica a Jesús como el portador del camino de esperanza prometido al pueblo de Dios en el Antiguo Testamento. El evangelista Marcos dice de Jesús en boca de Juan el Bautista: "Viene tras mí el que es más poderoso que yo, a quien no soy digno de desatar, agachado, la correa de su calzado. Yo a la verdad os he bautizado con agua, pero él os bautizará con Espíritu Santo" (1.7-8).

Esta identificación de Jesús como "más poderoso que Juan" es lo que Hurtado define "como una relación única de Jesús con Dios"[42] en el

---

[42] Hurtado, "Mark's Presentation of Jesus" ..., 45.

evangelio de Marcos. En otras palabras, me parece, que este Jesús que identifica el evangelista como el dador del Espíritu es Jesús el galileo cuyo ministerio es tan poderoso que aun Juan "no es digno de desatar, agachado, la correa de su calzado" (1.7 b).

El bautismo de Jesús en el Jordán

Lo próximo que el evangelista Marcos narra es el bautismo en agua de Jesús en el Río Jordán. La narrativa de Marcos es concisa, pero muy reveladora: "Aconteció en aquellos días que Jesús vino de Nazaret de Galilea, y fue bautizado por Juan en el Jordán. Luego, cuando subía del agua, vio abrirse los cielos y al Espíritu como paloma que descendía sobre él. Y vino una voz de los cielos que decía: «Tú eres mi Hijo amado, en ti tengo complacencia" (1.9-11).

Chris W. E. Green, citando a Bob Ekblad señala que, para Cristo, "el descenso a las aguas del bautismo implicaba una unión deliberada en solidaridad con el destino de los pecadores"...Y, de igual modo, sostiene que el bautismo significa para nosotros también:

La aceptación de Jesús de este bautismo y de toda la enseñanza del Nuevo Testamento sobre el bautismo es nada menos que un llamado a todos los seguidores futuros para que se unan al destino de los enemigos del reino de Dios, los "otros" que podemos considerar dignos de exclusión, castigo o muerte.[43]

---

[43] Chris E. W. Green, *Sanctifying Interpretation: Vocation, Holiness, and Scripture*, (Cleveland, TN: CPT Press, Second

Sin embargo, en Jesús aun los enemigos de Dios tienen esperanza. El relato sobre el bautismo en agua de Jesús del evangelista Marcos identifica, por un lado, a Jesús como un adulto que está listo para iniciar su experiencia como mensajero de redención y sumergido en las aguas, como el pueblo de Dios en el Mar Rojo. El Jesús que el evangelio de Marcos presenta es muy humano; llega al Río Jordán de Nazaret y como dice Hurtado "es tan humano que cuando lo crucifican, muere".[44] Curiosamente, como dije arriba, el evangelio de Marcos no tiene relatos sobre el nacimiento de Jesús como es el caso de Mateos y Lucas.

Por otro lado, como parte de la experiencia del bautismo en agua, el evangelista Marcos, incluye una experiencia adicional con la siguiente afirmación: "Luego, cuando subía del agua, vio abrirse los cielos y al Espíritu como paloma que descendía sobre él. Y vino una voz de los cielos que decía: «Tú eres mi Hijo amado, en ti tengo complacencia" (1.11). La visión y voz de esta experiencia solo la perciben y escuchan el evangelista, Jesús, la audiencia del evangelista y la audiencia que lee el evangelio hoy. Esta experiencia destaca el ungimiento de Jesús con el Espíritu, como el inicio de un nuevo tiempo en la historia de la salvación. El simbolismo de la paloma es encantador. Es el símbolo que se utiliza en Génesis para marcar un nuevo tiempo. El texto bíblico de Génesis dice lo siguiente:

Edition, 2020), 47. Citando a Bob Ekblad, *A New Christian Manifesto*, 34-36.

[44] Hurtado, "Mark's Presentation of Jesus" …, 93.

Envió también una paloma para ver si las aguas se habían retirado de sobre la faz de la tierra. Pero no halló la paloma dónde posarse, y volvió a él, al arca, porque las aguas estaban aún sobre la faz de toda la tierra. Entonces Noé extendió la mano y, tomándola, la hizo entrar consigo en el arca. Esperó aún otros siete días, y volvió a enviar la paloma fuera del arca. La paloma volvió a él a la hora de la tarde trayendo una hoja de olivo en el pico; y supo Noé que las aguas se habían retirado de sobre la tierra. Esperó aún otros siete días, y envió la paloma, la cual no volvió ya más a él (Génesis 8.8-12).

Creo que la audiencia a la que el evangelista Marcos se dirigió, tenía conocimiento de las Escrituras judías y, por lo tanto, sostengo, que muy bien, pudieron relacionar la visión del descenso del Espíritu, en forma de paloma, sobre Jesús, de la misma forma como Noé vio la paloma en el arca: El comienzo de una nueva era. El simbolismo del no regreso de la paloma fue un mensaje contundente para Noé, que un nuevo tiempo en la historia de la salvación de Dios había comenzado; era tiempo de salir del arca a encontrarse en obediencia con el Señor del cielo y la tierra y comenzar una nueva etapa en su vida. Debo decir, para afirmar esta conclusión, que los simbolismos de la historia de la salvación en la Biblia se repiten a lo largo del Antiguo Testamento y Nuevo Testamento (el árbol de la vida, el éxodo, el reposo y el fuego, entre otros).

Otro simbolismo del Antiguo Testamento que pudo haber estado presente para la audiencia de Marcos fue la promesa de Isaías 61 que les ayudaba a entender el contenido de la voz de Dios, relatada en el bautismo y, de alguna manera, la relación especial de Jesús con Dios, que el evangelista quiere que su audiencia comprenda. El texto de Isaías dice los siguiente:

> El espíritu de Jehová, el Señor, está sobre mí,
> porque me ha ungido Jehová.
> Me ha enviado a predicar buenas noticias a
> los pobres,
> a vendar a los quebrantados de corazón,
> a publicar libertad a los cautivos
> y a los prisioneros apertura de la cárcel;
> a proclamar el año de la buena voluntad de
> Jehová
> y el día de la venganza del Dios nuestro;
> a consolar a todos los que están de luto;
> a ordenar que a los afligidos de Sión
> se les dé esplendor en lugar de ceniza,
> aceite de gozo en lugar de luto,
> manto de alegría en lugar del espíritu
> angustiado.
> Serán llamados "Árboles de justicia",
> "Plantío de Jehová", para gloria suya (Isaías
> 61.1-3).

Ya el evangelista Marcos le había dicho a su audiencia sobre Jesús, en palabras de Juan el Bautista: "Yo a la verdad os he bautizado con agua, pero él os bautizará con Espíritu Santo"(1.8). Es decir, ya la audiencia de Marcos había sido informada que en Jesús de Nazaret comenzaba una nueva temporada. Curiosamente, cuando Jesús ve la visión "de los cielos abiertos y al Espíritu como paloma que descendía sobre él" y oye la voz que le dice "Tú eres mi Hijo amado, en ti tengo complacencia" (1.11), según el relato del evangelista Marcos, Juan el Bautista no vio la visión ni escuchó la voz. El evangelista Marcos solo incluye a Jesús y a su audiencia. Entiendo, desde mi punto de vista, por un lado, que el evangelista estaba claro de que Juan conocía su misión como profeta y no necesitaba que se le reafirmará su misión, pero, por otro lado, el evangelista quería asegurarse que su audiencia estaba clara sobre el nuevo tiempo que estaba viviendo y su misión en el nuevo tiempo que anunciaba Jesús. Por lo tanto, el evangelista se aseguró que su audiencia estuviera al tanto de su nuevo tiempo de salvación y la necesidad de responder en obediencia al mensaje del *Ungido* por el Espíritu.

En el bautismo con el Espíritu de Jesús, por medio del descenso del Espíritu sobre él, Dios anunciaba un nuevo tiempo en la historia de la salvación. En palabras de Hurtado, la escena del bautismo, desde luego, es la afirmación de Jesús y su comisión a su ministerio mesiánico de ese momento en adelante y la voz que se oye destaca la relación única de Jesús *con Dios como su Hijo Amado*. De igual manera, concurro con Hurtado, cuando atestigua que la voz divina afirma la divinidad de Jesús, pero no la confiere en este momento.[45] De hecho, en la escena de la transfiguración de Jesús, delante Pedro, Jacobo y Juan, frente al pedido de Pedro, de que se construyeran tres enramadas: una para Jesús, otra para Elías y, aún, otra para Moisés, nuevamente la voz de Dios afirma la deidad de Jesús y dice: "Éste es mi Hijo amado; a él oíd" (9.7c). Curiosamente,

---

[45] Hurtado, "Mark's Presentation of Jesus" …, 95.

inmediatamente después de las palabras de Dios, queda solo Jesús en la escena con sus tres discípulos. En mi caso particular, pienso que el mensaje del evangelista Marcos a su audiencia y para nosotros es que el Jesús *Ungido* por el Espíritu es suficiente para esta nueva etapa de la historia de la salvación que ha comenzado.

Sobre la voz del Padre en el Momento del bautismo de Jesús, Chris W. E. Green dice: "[L]as palabras que el Padre pronuncia sobre Jesús en su bautismo... son a la vez la afirmación de su identidad y el anuncio de su vocación".[46]

Tentación de Jesús

Luego que el evangelista Marcos nos narra la experiencia del bautismo en agua y el ungimiento de Jesús con el Espíritu Santo, la escena se traslada a la experiencia de la tentación en el desierto. El relato del evangelista es el siguiente: "Luego el Espíritu lo impulsó al desierto. Y estuvo allí en el desierto cuarenta días. Era tentado por Satanás y estaba con las fieras, y los ángeles lo servían" (1.12-13). Es decir, Jesús es dirigido al desierto y se mantiene en el desierto *ungido* por el Espíritu.

La experiencia de Jesús en el desierto debe recordarle a la audiencia de Marcos la experiencia del pueblo de Dios en el desierto. Fue un tiempo de prueba, pero el pueblo entendió la posibilidad de la presencia de Dios en la peor de las circunstancias. En la experiencia del desierto el pueblo experimentó la abundancia y provisión de Dios (pan, carne, agua) y

---

[46] Green, *Sanctifying Interpretation*....

el cuidado presencial de Dios. Dios acompañó, durante toda la travesía por el desierto, a su pueblo. El mejor símbolo de la presencia y acompañamiento de Dios fue el tabernáculo. Debo decir, además, que Dios tomó de su Espíritu con el que había ungido a Moisés y lo depositó sobre setenta y dos ancianos de Israel y los ungió con su Espíritu y profetizaron. El texto bíblico lo dice de la siguiente forma:

> Entonces Jehová descendió en la nube y le habló. Luego tomó del espíritu que estaba en él [en Moisés], y lo puso en los setenta hombres ancianos. Y en cuanto se posó sobre ellos el espíritu, profetizaron; pero no volvieron a hacerlo. En el campamento habían quedado dos hombres, uno llamado Eldad y el otro Medad, sobre los cuales también reposó el espíritu. Estaban éstos entre los inscritos, pero no habían venido al Tabernáculo. Y profetizaron en el campamento. (Números 11.25-26).

Desde mi punto de vista, este ungimiento del Dios de Israel a estos setenta y dos ancianos, fue para demostrarle a Moisés que no lo había abandonado con un pueblo mal agradecido, sino que daría del Espíritu, que reposaba sobre él, a setenta y dos ancianos para ungirlos para que le ayudarán a llevar la carga del pueblo. Esta realidad de la presencia de Dios en el desierto con Moisés, tenía que estar presente en la mente de Jesús y en la de la audiencia a la que Marcos dirige su evangelio. De la misma manera que Dios ungió a colaboradores de Moisés para que lo ayudaran con la carga del pueblo, Dios, por consiguiente, ungió a Jesús con su Espíritu para que pudiera enfrentar triunfantemente su prueba y, luego, proclamar el evangelio del reino de Dios y, de este modo, entregar su Espíritu a sus colaboradores y propiciar la salvación del ser humano y la creación. Sin lugar a duda, los cuarenta días de Jesús en el desierto *ungido* por el Espíritu fue la afirmación de su ministerio en favor del ser humano y la creación. En su lucha cósmica, en favor del ser humano, estaban Dios, los ángeles, el diablo y las fieras; no hubo seres humanos presentes. Pero, en esta lucha, el Espíritu lo acompañó y salió vencedor para comenzar su ministerio, según Marcos, luego del encarcelamiento de Juan el Bautista.

Inicio del ministerio de Jesús

Como ya he indicado en el párrafo anterior, el evangelista Marcos nos dice que Jesús inició su ministerio público, luego del arresto y encarcelamiento de Juan el Bautista. El texto bíblico nos lo dice de la siguiente forma: "Después que Juan fue encarcelado, Jesús fue a Galilea predicando el evangelio del reino de Dios. Decía: 'El tiempo se ha cumplido y el reino de Dios se ha acercado. ¡Arrepentíos y creed en el evangelio!'" (1.14-15). En otras palabras, la acción en el evangelio de Marcos se mueve rápido. Juan, presenta a Jesús en los versos 4 al 5 del primer capítulo y ya en el verso 14 está preso.

Lo importante, desde mi punto de vista, en este recorrido es examinar cómo se sigue desarrollando lo que el evangelista Marcos ha dicho en la primera oración de su evangelio: "Principio del evangelio de Jesucristo, Hijo de Dios". En otras palabras, quiero seguirle el rastro a esta declaración del "principio del evangelio de Jesús el *Cristo*, *Hijo de*

Dios". Ésta, como hemos dicho arriba, es la manera del evangelista Marcos identificar a Jesús de Nazaret.

Al Jesús iniciar su ministerio, lo primero que se dice de él es que llamó a una pareja de hermanos y esta pareja de hermanos, sin pensarlo mucho, dejaron lo que estaban haciendo y, sin sopesar las consecuencias, siguieron a Jesús inmediatamente. El relato de este incidente el evangelista lo declara de la siguiente manera:

Andando junto al Mar de Galilea, vio a Simón y a su hermano Andrés que echaban la red en el mar, porque eran pescadores. Jesús les dijo: Venid en pos de mí, y haré que seáis pescadores de hombres. Y dejando al instante sus redes, lo siguieron. Pasando de allí un poco más adelante, vio a Jacobo, hijo de Zebedeo, y a su hermano Juan, que estaban en la barca remendando las redes; y en seguida los llamó. Entonces, dejando a su padre, Zebedeo, en la barca con los jornaleros, lo siguieron (1.16-20).

¿Qué vieron Simón, Andrés, Jacobo y Juan en Jesús para abandonar sus tareas y seguir a Jesús? Más adelante, en el relato, el evangelista habla de la autoridad de Jesús en su enseñanza: "se admiraban de su doctrina, porque les enseñaba como quien tiene autoridad, y no como los escribas (1.22) y de su autoridad para echar fuera espíritus impuros: "¿Qué nueva doctrina es ésta, que con autoridad manda aun a los espíritus impuros, y lo obedecen?" (1.27b). Me parece, que algo de esta autoridad vieron las dos parejas de hermanos en Jesús de Nazaret. Si no lo pudieron identificar como *Hijo de Dios*, a mi juicio, distinguieron la autoridad del llamado de Jesús a sus vidas como uno que no pudieron resistir y dejaron los que estaban haciendo para seguir al hombre de autoridad que los llamaba a una vocación diferente. De alguna manera, el Espíritu de Dios que había *ungido* a Jesús en su bautismo, acompañó a Jesús en su llamado a sus discípulos. Así que, desde mi punto de vista, en el llamado con la autoridad del Jesús *ungido* con el Espíritu, a estas dos parejas de hermanos, se refleja en la relación especial de Jesús con Dios que el evangelista proclama en la primera oración de su evangelio. Por consiguiente, estas dos parejas de hermanos aceptan el llamado a su nueva vocación y abandonan la anterior.

La historia de la primera parte del evangelio de Marcos

La primera parte del evangelio de Marcos (1.1-8.26) se caracteriza por el tiempo de enseñanza de Jesús y su ministerio de milagros (sanidades a enfermos y liberación de endemoniados). Con relación a sus enseñanzas y liberación de espíritus impuros el texto de Marcos dice lo siguiente. "Y predicaba en las sinagogas de ellos en toda Galilea, y echaba fuera los demonios" (1.39). Definitivamente, en la primera parte del evangelio de Marcos, Jesús está muy activo enseñando, predicando, sanando a los enfermos y liberando a los oprimidos por los espíritus inmundos. Dicho en palabras de Sandra Huebenthal es la proclamación de un evangelio que le ofrece al pueblo la buena noticia "que cambiará sus vidas, los sanará y los liberará".[47]

---

[47] Huebenthal, "Suspended Christology" …, 23.

Luego del llamado de Jesús a las dos parejas de hermanos, en la primera parte del evangelio de Marcos (1.1-8.26), Jesús sana, hace provisión y ejerce dominio sobre la naturaleza en trece (13) ocasiones. En el capítulo 1, sana a un hombre con espíritu impuro (1.26-27), sanó a la suegra de Pedro (1.31), sanó a muchos enfermos y endemoniados (1.32) y sanó a un leproso (1.41). En el capítulo 2 sana a un paralítico (2.11). En el capítulo 3 sana a un hombre con una mano seca (3.5). El capítulo 4 presenta un milagro de dominio sobre la naturaleza, la mar embravecida (4.39). El capítulo 5 presenta tres milagros (1) la sanidad del endemoniado gadareno (5.13), (2) la sanidad de la mujer del flujo de sangre (5. 34) y (3) la restauración a la vida de la hija de Jairo (5.41). En el capítulo 6 se presentan tres milagros: (1) uno de provisión en la alimentación de los 5,000 (6.41), (2) un milagro de dominio sobre la naturaleza, Jesús anduvo sobre la tempestad del mar (6.49) y (3) sana a muchos enfermos en Genesaret (6.56). En el capítulo 7 hace dos milagros. Por un lado, sana a la hija endemoniada de la mujer sirofenicia (7.29) y, por otro lado, (2) sanó a un sordomudo (7.35). Finalmente, en el capítulo 8 hace dos milagros. De una parte, hace un milagro de provisión en la alimentación de 4,000 personas (8.8-9). De otra parte, sana a un ciego en Betzaida (8.25).

Repito, en esta primera parte del evangelio se relatan 13 intervenciones milagrosas que, en cierta medida, demuestran lo que el evangelista había declarado en la primera oración de su evangelio: "Principio del evangelio de *Jesucristo, Hijo de Dios*" (Énfasis suplido).

Además, de los milagros, la primera parte del evangelio de Marcos, está llena de las enseñanzas de Jesús. En el capítulo 2 , por un lado, frente a una pregunta sobre el ayuno, Jesús aprovecha para enseñar sobre el ayuno (2.19-22). Por otro lado, a una pregunta sobre el sábado, Jesús aprovecha para aclarar que el sábado fue hecho por causa del hombre y no el hombre por causa del sábado (2.23-28). En el capítulo 3 a la afirmación de que él echaba fuera los demonios por el poder de Beelzebú, Jesús aprovecha la oportunidad para enseñar que una casa dividida no puede prevalecer.

El capítulo 4 es un capítulo de enseñanzas. Es el capítulo de las parábolas. El capítulo 6 es el capítulo de la enseñanza en Nazaret. Es el lugar donde Jesús dice: "No hay profeta sin honra sino en su propia tierra, entre sus parientes y en su casa" (6.4). En el capítulo 7 los fariseos y los escribas le preguntan a Jesús: "¿Por qué tus discípulos no andan conforme a la tradición de los ancianos, sino que comen pan con manos impuras?" (7.5). Esta pregunta le ofrece a Jesús la oportunidad para enseñar al pueblo que la Palabra de Dios está por encima de las tradiciones de los hombres.

Confesión de Pedro

Luego de la confesión de Pedro: "Tú eres el *Cristo*" (8.29, énfasis suplido), el evangelista se prepara para iniciar la segunda parte de su evangelio. Sin embargo, antes de examinar el contenido de la segunda parte del evangelio, quiero dedicarle un tiempo para examinar la confesión de Pedro. Ya he dicho, arriba, que la meta del evangelista Marcos es presentar el "[p]rincipio del evangelio de *Jesucristo, Hijo de Dios*" (Énfasis suplido). Algunos estudiosos del evangelio de Marcos dicen que la confesión de Pedro de que Jesús es el *Cristo* en este contexto está muy adelantada porque todavía Pedro no tiene suficiente base para hacer la misma. La ven como una declaración del evangelista Marcos cuatro décadas después de los acontecimientos. En mi caso, opino diferente, los seguidores de Jesús, inmediatamente, después de su resurrección, comenzaron a afirmar que Jesús era el *Cristo* y el *Hijo de Dios*.

Por consiguiente, creo que esta no es una invención del evangelista Marcos que pone las bocas de los caracteres principales del evangelio, para confirmar su declaración al principio de su evangelio, sino la convicción de los primeros seguidores de Jesús que, afirmaron en su experiencia de fe, después de la resurrección, que Jesús era el *Ungido* de Dios y el *Hijo de Dios*. En su libro: *¿Who is Jesus?: History in perfect Tense* (¿Quién es Jesús?: Historia en tiempo perfecto), Leander E. Keck dice lo siguiente: Jesús se sometió al reinado real de Dios tan intensamente que su misión fue mucho más que un vehículo para un mensaje; realmente se convirtió en su heraldo. En otras palabras, si una persona es "hijo de", eso es lo que determina la existencia de esa persona; cuando Jesús permitió ser formado y dirigido por el reino inminente de Dios, se convirtió en su encarnación y, probablemente, se entendió así mismo como "hijo de Dios".[48] Dice, además Keck:

---

[48] Leander E. Keck, *¿Who is Jesus? History in perfect Tense* (Minneapolis: Fortress Press, 2001), 99. La traducción al

Nadie supo cómo Jesús vino a conocer su sentido de vocación o cómo llegó a concluir que no solo tenía que anunciar lo que Dios estaba haciendo, sino, también, que él mismo se convirtió en su efectivo semejante. Uno puede concluir que su silencio sobre sí mismo es completamente apropiado porque alguien que se ve a sí mismo como un emisario que encarna el síndrome del "todavía no", se convierte lo suficiente transparente para que la gente que le responde, sienta que le está respondiendo al Padre.[49]

La segunda parte del evangelio de Marcos (8. 31-16.20)

Después de examinar la confesión de Pedro, tornaré mi mirada a la segunda parte del evangelio de Marcos 8.31-16.20). Quiero examinar, como en la primera parte, el contenido de esta segunda parte en términos de enseñanzas y milagros.

La segunda parte del evangelio de Marco comienza con las enseñanzas de Jesús sobre su muerte. "Comenzó a enseñarles que le era necesario al Hijo del hombre padecer mucho, ser desechado por los ancianos, por los principales sacerdotes y por los escribas, ser muerto y resucitar después de tres días" (8.31). Frente al rechazo de Pedro de la pasión y muerte de Jesús, su respuesta de rechazo a la conducta de Pedro, no se hizo esperar y aprovechó la

---

español es de este autor. De aquí en adelante, todas las traducciones al español de esta obra son de este autor.

[49] Keck, ¿*Who is Jesus?* ..., 100.

ocasión para decirle a la audiencia de Marcos y a nosotros, hoy, que "[t]odo el que quiera salvar su vida, la perderá; y todo el que pierda su vida por causa de mí y del evangelio, la salvará" (8.35).

La siguiente enseñanza está conectada a la experiencia de la transfiguración de Jesús en un monte alto, donde se le aparecieron Moisés y Elías para hablar con Jesús. Pedro le pidió a Jesús que eternizara ese momento, pero desde una nube que oscureció la escena se oyó una voz que dijo: "Éste es mi Hijo amado; a él oíd" (9.7). Luego de escuchar la voz, "cuando miraron, no vieron a nadie más con ellos, sino a Jesús solo" (9.8). A mi juicio, lo que había que eternizar no es la conversación de Moisés y Elías con Jesús, si no solo a Jesús que en su presencia encarnaba el "todavía no" como anticipo de un futuro glorioso, muy a pesar, del presente de persecución en la vida cotidiana. El mensaje del evangelio del reino de Dios es suficiente.

La segunda ronda de enseñanzas se da en el capítulo 10 en la región de Judea y al otro lado del Jordán con el pueblo que lo seguía. En esa ocasión: "Se acercaron los fariseos y le preguntaron, para tentarlo, si era lícito al marido repudiar a su mujer" (10.2). Jesús aprovecha esta ocasión para ofrecer una enseñanza sobre el divorcio. Dice Leander E. Keck, "en su trato con el divorcio, Jesús aún sobrepasó a Moisés para apelar a la voluntad de Dios en la creación".[50] "[P]ero al principio de la creación, hombre y mujer los hizo Dios. Por esto dejará el hombre a su padre y a su madre, y se unirá a su mujer, y los dos serán una sola carne; así que no son

---

[50] Keck, ¿*Who is Jesus?* ..., 101.

ya más dos, sino uno. Por tanto, lo que Dios juntó, no lo separe el hombre" (10.6-9).

La próxima enseñanza tiene que ver con el lugar de las riquezas en el corazón del ser humano. La enseñanza de Jesús sobre este tema se resume en el siguiente texto del evangelio: "Hijos, ¡cuán difícil les es entrar en el reino de Dios a los que confían en las riquezas! Más fácil es pasar un camello por el ojo de una aguja, que entrar un rico en el reino de Dios" (10.24-25).

En la próxima enseñanza en el capítulo 10, Jesús toma por tercera ocasión el tema de su pasión y muerte y resurrección. "Ahora subimos a Jerusalén, y el Hijo del hombre será entregado a los principales sacerdotes y a los escribas. Lo condenarán a muerte y lo entregarán a los gentiles. Se burlarán de él, lo azotarán, lo escupirán y lo matarán; pero al tercer día resucitará" (10.33-34). Los discípulos están llenos de miedo y no parecen entender ni su pasión, ni su muerte y menos su resurrección.

La siguiente enseñanza del capítulo 10 tiene que ver con el deseo de grandeza de los discípulos y es un mensaje para la audiencia de Marcos y para nosotros, también. La respuesta de Jesús a la petición de Santiago y Juan de grandeza se resume en la siguiente respuesta de Jesús: "A la verdad, del vaso que yo bebo beberéis, y con el bautismo con que yo soy bautizado seréis bautizados; pero el sentaros a mi derecha y a mi izquierda no es mío darlo, sino a aquellos para quienes está preparado" (10 49b - 40).

En el capítulo 11, después de entrar a Jerusalén, las autoridades religiosas le preguntan a Jesús sobre su autoridad para enseñar y hacer milagros, pero la respuesta de Jesús fue hacerles otra pregunta: "El bautismo de Juan, ¿era del cielo, o de los hombres? Respondedme" (11.30). Como no le respondieron no dijo de dónde venía su autoridad. De alguna manera, las autoridades judías estaban convencidas de la autoridad de Jesús. Su autoridad no pasó desapercibida. Pero como dice Keck, "cuando se le preguntó, él rehusó dar explicaciones de dónde venía su autoridad".[51]

En el capítulo 12, Jesús comparte su enseñanza sobre los labradores malvados. El texto de evangelio de Marcos sentencia lo siguiente:

Entonces comenzó Jesús a decirles por parábolas: «Un hombre plantó una viña, la rodeó con una cerca, cavó un lagar y edificó una torre; luego la arrendó a unos labradores y se fue lejos. A su tiempo envió un siervo a los labradores para recibir de estos del fruto de la viña. Pero ellos, tomándolo, lo golpearon y lo enviaron con las manos vacías. Volvió a enviarles otro siervo; pero, apedreándolo, lo hirieron en la cabeza, y también lo insultaron. Volvió a enviar otro, y a éste lo mataron. Después envió otros muchos: a unos los golpearon y a otros los mataron. Por último, teniendo aún un hijo suyo, amado, lo envió también a ellos, diciendo: "Tendrán respeto a mi hijo" (12.1-6).

No tengo duda de que, de alguna manera, El "hijo suyo amado" de esta parábola de Jesús se refiere al Hijo amado de la voz de Dios en la escena del bautismo y de la transfiguración. Dicho de otra forma, en esta parábola veo a Jesús referirse a sí

---

[51] Keck, *¿Who is Jesus?* ..., 101.

mismo como el "hijo amado" del hombre de la parábola. Más aún, cuando el evangelista dice que las autoridades religiosas: "Procuraban prenderlo, porque entendían que decía contra ellos aquella parábola; pero temían a la multitud y, dejándolo, se fueron" (12.12), a mi juicio, es una confirmación de que las autoridades religiosas reconocían que Jesús era "el hijo amado" de la parábola.

La próxima enseñanza de Jesús en capítulo 12 está relacionada con el tributo a César. Los fariseos y herodianos trataron de tomarlo fuera de equilibrio y le dijeron: "Maestro, sabemos que eres hombre veraz y que no te cuidas de nadie, porque no miras la apariencia de los hombres, sino que con verdad enseñas el camino de Dios. ¿Es lícito dar tributo a César, o no? ¿Daremos, o no daremos?" (12.14). La respuesta de Jesús a una pregunta capciosa fue: "Dad a César lo que es de César, y a Dios lo que es de Dios" (12.17b).

La parte final del capítulo 12, Jesús responde con autoridad a preguntas capciosas sobre la vida resucitada (12.18-27), el gran mandamiento de Dios (12.28-34), de quién es hijo el Cristo (12.35-37) y la hipocresía (12.38-44). Sin lugar a duda, esta autoridad de Jesús que las autoridades religiosas y líderes del pueblo, no podían aceptar en Jesús, demuestran el empoderamiento de Jesús por el Espíritu de Dios que lo vindicaba ante sus detractores.

De esta manera, llegamos a las enseñanzas del capítulo 13, que algunos estudiosos del evangelio de Marcos denominan el "pequeño apocalipsis". Quiero citar las palabras sabias de Leander E. Keck, cuando dice "el contenido de este discurso es marcadamente diverso: tiene predicciones, advertencias, garantías, amonestaciones y parábolas.... La tarea al analizar este discurso es reflexionar el lugar donde el evangelista lo coloca, justamente, antes de los relatos de la pasión de Jesús".[52]

Me parece sumamente pertinente la conclusión de Leander E. Keck sobre este discurso apocalíptico del evangelio de Marcos. Keck insiste en que la posibilidad de que el evangelio de Marcos haya sido escrito muy cerca de la primera revuelta en contra de Roma (66 d. C.), sugiere que el evangelista Marcos colocara este relato apocalíptico en el contexto donde la historia se conocía desde una perspectiva apocalíptica. De esta manera, el evangelista le aseguraba a la iglesia que las vicisitudes del tiempo de pruebas presente, no anulaban la verdad del evangelio, porque el mismo Jesús de quien se relatan sus obras y palabras en los capítulos 1-12, también les dice: "Pero vosotros ¡tened cuidado! Os lo he dicho todo de antemano" (13.23). En adición, aunque 'el hijo' no conozca cuando estas agonías terminarían, hay uno que sí sabe, no Dios el rey, (como pensaban los romanos), sino el Padre (13.32), el Único que tiene todo el control y cuida a la iglesia. Es decir para el evangelista Marcos, las palabras y obras de Jesús en los capítulos 1-12 están en consonancia con lo que dice con su misión apocalíptica, relatada en el capítulo 13 de su evangelio.[53]

La segunda parte del evangelio de Marcos no solo habla de las enseñanzas de Jesús, sino también presenta algunos milagros de Jesús. Los milagros no

---

[52] Keck, *¿Who is Jesus?* ..., 104.
[53] Keck, *¿Who is Jesus?* ..., 104 -110.

son tantos como en la primera parte porque dedicó más tiempo a la enseñanza. En el capítulo 10 se relata el milagro de la sanidad del ciego Bartimeo (10.46-52) y en el capítulo 11 se destaca el relato de la higuera que Jesús maldijo y se secó (11.12-14; 20-26).

De esta manera llegamos al final del relato del evangelista Marcos. El capítulo 14 termina con el arresto de Jesús, luego de concluir su tiempo de oración, sin compañía, en el Getsemaní, un jardín en las faldas del Monte de los Olivos. El capítulo 15 describe el proceso de la sentencia de Jesús y su crucifixión y muerte. El texto de Marcos describe la muerte de Jesús de la siguiente manera: "Pero Jesús, lanzando un fuerte grito, expiró. Entonces el velo del Templo se rasgó en dos, de arriba abajo" (15.37-38). Jesús enfrentó la muerte con autoridad (gritó fuertemente) y el centurión romano que estaba de frente a Jesús dijo: "¡Verdaderamente este hombre era Hijo de Dios"! Naturalmente, su exclamación se relacionó con la gallardía con la que Jesús enfrentó la muerte. Ninguno de los que estaba en el Gólgota vio el velo rasgarse "en dos de arriba hacia abajo".

El capítulo 16 de Marcos concluye con el relato de la resurrección de Jesús. Algunos estudiosos del evangelio de Marcos sostienen que su evangelio termina en el verso 8 y ven el resto del evangelio como una producción de la iglesia. Sin embargo, creo que la evidencia de la resurrección debió ser un tema popular que el evangelista no tenía razón para dejarlo fuera. Creo que el autor del evangelio de Marcos quería presentar a Jesús como el mensajero escatológico del nuevo tiempo. Este Jesús es el que el evangelista, en la primera oración de su evangelio, presenta como: *Jesucristo, Hijo de Dios* (1.1. Énfasis suplido). Por consiguiente este *Ungido* que es *Hijo de Dios*, el Padre lo vindicó frente a sus detractores, resucitándole de los muertos, como él le había anunciado, en tres ocasiones, a sus discípulos.

Conclusión

Desde mi punto de vista, el evangelio de Marcos termina como empezó, Jesús es el *Ungido Hijo de Dios*. Por consiguiente, la visión del evangelista Marcos del *ungido Hijo de Dios* va aflorando en cada una de las enseñanzas y obras de Jesús. Creo, firmemente, que el evangelista Marcos estaba convencido que Jesús es el *Cristo*, el *Ungido* por el Espíritu de Dios y que es el *Hijo de Dios*. Todo el relato del evangelio va encaminado a corroborar su tesis. De una u otra manera, los distintos caracteres principales en el evangelio confirman, una y otra vez, su tesis. Los demonios lo llaman "Hijo de Dios" (3.11; 5.7), el Padre, lo llama "mi Hijo amado "(1.11; 9.7), Pedro lo llama el "Cristo" (8.29), el Sumo sacerdote lo llama el "Cristo, el Hijo del Bendito" (14.61) y el centurión romano lo llama, "Hijo de Dios" (15.39).

Para el evangelista el evento muerte-resurrección-ascensión era lo que Jesús quería anunciarle a sus discípulos y a su iglesia. Leander E. Keck lo dice de esta manera:

> Sus discípulos llegaron a creer que él fue vindicado por su resurrección que lo transformó; para ellos fue una señal de que un nuevo tiempo había comenzado con Jesús, aparte de que nada nuevo había cambiado (excepto la formación de una nueva comunidad de fe en su nombre). Él fue para

ellos [sus discípulos y la iglesia] un Jesús transformado en un modo de existencia que todavía aseguraba y pronosticaba que en el futuro de la nueva era se actualizaría plenamente.[54]

Es decir, el evangelista Marcos, cuatro décadas después de los eventos que narra (posiblemente después del 66 d.C.), le asegura a la comunidad de fe de su tiempo, lo que había sido la historia de Jesús de Nazaret. Esta comunidad de la tradición de Jesús había documentado oralmente y en algunos escritos que Jesús de Nazaret era el *Cristo* (el *Ungido* de Dios) y el *Hijo de Dios*. Además que esta realidad se había confirmado con la resurrección de Jesús. Por otro lado, afirmó que el tema fundamental de la resurrección de Jesús no era nuevo para la iglesia, porque ya el apóstol Pablo lo había puesto por escrito dos décadas después de que sucedió (50 d. C.).

Concluyo diciendo, que el evangelista Marcos le comparte a los seguidores de Jesús de su época (cuatro décadas después de los hechos que narra), que los primeros seguidores de Jesús estuvieron convencidos, que Jesús de Nazaret era el *Cristo* (el *Ungido)* de Dios y el *Hijo de Dios* y que en su persona anunció un nuevo tiempo de esperanza de Dios para su pueblo. El mensaje fue claro: En este nuevo tiempo Dios transformaba su "aquí y ahora" (su presente) por medio de la buena noticia (el *evangelio*) del reino de Dios, en un tiempo de salvación, sanidad y liberación para los oprimidos por el diablo y por las estructuras sociales culturales, económicas, religiosas y políticas de su época.

---

[54] Keck, *¿Who is Jesus?* ..., 110.

Me parece que ese es el mismo mensaje que el evangelio de Marcos le presenta a la iglesia del siglo XXI. Independientemente, de las aflicciones de las luchas con los poderes malignos y las disputas con las estructuras sociales, culturales, económicas, religiosas y políticas del presente, la esperanza de la iglesia tiene que estar fundada en el poder del evangelio del reino de Dios en su "aquí y ahora" (su presente) y seguros que su bendición presente alcanzará la plenitud de esa promesa en su futuro escatológico, cuando "Dios sea todo en todos" (1 Corintios 15. 28). Las aflicciones del "aquí y ahora" no tienen la última palabra. Jesús el *Cristo*, el *Hijo de Dios*, Señor del presente y del futuro ha vencido y él tiene la última palabra de esperanza para los que creen en él y le obedecen.

Preguntas de repaso:

1. Enumere lo títulos cristológico en el evangelio de Marcos.
2. ¿Qué es el evangelio en Marcos?
3. Describa a Juan el Bautista como precursor de Jesús.
4. ¿Qué significó para Marcos el bautismo de Jesús?

Capítulo 3

UNA CRISTOLOGÍA DEL EVANGELIO DE MATEO

Introducción

Dentro del contexto del significado de la cristología del Nuevo Testamento, quiero dedicarle este capítulo a la cristología del evangelio de Mateo. De alguna manera, la cristología del evangelista Mateo sigue el bosquejo general que aparece en el evangelio de Marcos y lo acomoda con información común en el evangelio de Lucas y otra información única de su evangelio. Cuando se habla de cristología se intenta definir el significado de la *persona* y la *obra* de redención de Jesucristo. Es decir, quién es Jesús y su misión. Dicho de otra manera, en la cristología se incluye todo lo relacionado con la *persona* de Jesús el Cristo y su *función* en la obra soteriológica (salvadora) de Dios. Mateo quiere hablarnos de un ser humano en quien Dios estaba y está con nosotros. Podría decir, que algunos temas del evangelio de Mateo como lo son su referencias al Sermón del Monte y a la iglesia se hicieron de manera de identificar el *ministerio* y la *misión* de Jesús, de particular importancia para los primeros cristianos en el siglo primero "

Concurro con Richard B. Garner en su libro Mathew (Mateo) de Believers Bible Commentary (Comentario sobre la Biblia de los creyentes), cuando dice: La cristología de Mateo es una cristología narrativa, formada por lo que Dios estaba haciendo por medio de Jesús de Nazaret. En su jornada cristológica, Mateo usa títulos mesiánicos para Jesús que ya tenían significados para la tradición judía del siglo primero, tales como *Mesías, Señor, Siervo, Hijo de David, Hijo de Dios* e *Hijo del Hombre*. Creo, firmemente, que el evangelista Mateo les dio nuevos significados a estos títulos, luego de la resurrección de Jesús.[55] En mi caso particular, sé que esta no es una tarea fácil. Sin embargo, abordo el tema desde la perspectiva de uno que cree, aunque los documentos que nos describen a Jesús como el *Cristo* son fruto de la fe de la iglesia de los primeros cristianos, sostengo, firmemente, que esos creyentes cristianos tuvieron testimonios de creyentes que identificaron su *Cristo de la fe* con el *Jesús de Nazaret*.

De todos modos, comparto mis reflexiones sobre la cristología del evangelio de Mateo, en la segunda década del siglo 21, con humildad y cuidado, reconociendo que no soy dueño de la verdad última. Creo, firmemente, que solo Dios es dueño de la verdad última. Estoy listo para que mi Dios, como lo ha hecho siempre, me sorprenda, cuando "Dios sea todo en todos" (1 Corintios 15. 28) y como ha dicho Frank D. Macchia: "seré el primero en adorar a mi Dios en su corrección de mi ignorancia"[56].

---

[55] Richard B. Gardner, Mathew, https://www.mennomedia.org/9780836135558/matthew/ . Accedido 21 de enero de 2025 Accedido. La traducción al español es de este autor.

[56] Frank D. Macchia, *Tongues of fire: A Systematic Theology of the Christian Faith*, (Eugene, Oregon: Cascade Books, 2023), 423.

Los títulos mesiánicos en el evangelio de Mateo

En los siguientes párrafos quiero abordar el tema de los títulos cristológicos que usaron los personajes del evangelio de Mateo para referirse a Jesús y los que usó Jesús para referirse a sí mismo. Solo usaré la evidencia que aparece en el evangelio de Mateo para ser fiel al contenido del evangelio. Creo que Mateo nos proporciona una perspectiva particular de Jesús de Nazaret para ayudarnos en nuestro entendimiento de la cristología del Nuevo Testamento. Por eso dedico la siguiente sección al estudio de los títulos cristológicos de Jesús que el evangelista Mateo utiliza en su evangelio. ¡Prosigamos con paciencia con el análisis!

Jesús el hombre

Mateo, al igual que Lucas, comienza su evangelio con la historia del nacimiento de Jesús y, de este modo, enfoca su narración en la humanidad de Jesús. Su historia comienza conectando la humanidad de Jesús con Abraham y David: "Libro de la genealogía de Jesucristo, hijo de David, hijo de Abraham:"(Mateo 1.1). Concluye esta sección con la siguiente afirmación: "De manera que todas las generaciones desde Abraham hasta David son catorce; desde David hasta la deportación a Babilonia, catorce; y desde la deportación a Babilonia hasta Cristo, catorce" (Mateo 1.17). La inclusión de Abraham en este inicio del evangelio, me parece que responde a la *misión* de Abraham en su llamado en el Antiguo Testamento: "En tu simiente serán *benditas todas las naciones* de la tierra, por cuanto obedeciste a mi voz (Génesis 22.18. Énfasis suplido). Un evangelio que se ha identificado como profundamente judío, no deja fuera a los gentiles. Jesús es la esperanza de salvación, tanto para judíos como gentiles. Este es un relato, sumamente, humano que intenta describir la vida cotidiana de una "familia palestina de a pie" en el siglo primero. Raymond E. Brown, ha anotado que mientras la genealogía de Adán inicia con él y luego sigue con sus descendientes la genealogía de Jesús, comienza en él y luego continúa con sus ancestros.[57]

Todo el relato de Mateo, a lo largo de su evangelio, demuestran que el niño que nació de la virgen: "Una virgen concebirá y dará a luz un hijo y le pondrás por nombre Emanuel» (que significa: «Dios con nosotros»"), (Mateo 1.23) y vivió en Palestina como Jesús de Nazaret: "y se estableció en la ciudad que se llama Nazaret, para que se cumpliera lo que fue dicho por los profetas, que habría de ser llamado nazareno"(Mateo 2.23). En el contenido de todo el evangelio de Mateo se percibe la humanidad de Jesús sin descuidar la divinidad de Jesús. En los siguientes párrafos quiero hacer constar esta realidad.

La huida a Egipto marca una de las realidades que enfrentó la familia de Jesús, que la ubica sufriendo una de las circunstancias que enfrentan muchas familias alrededor del mundo, aún en tiempos modernos: La emigración por persecución: "Después que partieron ellos, un ángel del Señor apareció en sueños a José y le dijo:

---

[57] Raymond E. Brown, *Birth of the Messiah,* (The Anchor Yale Bible), 67.

«Levántate, toma al niño y a su madre, y huye a Egipto. Permanece allá hasta que yo te diga, porque acontecerá que Herodes buscará al niño para matarlo»" (Mateo 2.13).

De igual manera, las tentaciones de Jesús expusieron a Jesús como humano. Donald Guthrie señala, Jesús como todo ser humano estuvo expuesto a la prueba moral para, de esa manera, hacer ostensible su humanidad.[58] Las tentaciones de Jesús son otra demostración que Jesús fue un ser humano que el diablo pensó que podía tentarlo como a cualquier otro ser humano y no se abstuvo de hacerlo. "Entonces Jesús fue llevado por el Espíritu al desierto para ser tentado por el diablo. Después de haber ayunado cuarenta días y cuarenta noches, sintió hambre. Se le acercó el tentador y le dijo: Si eres Hijo de Dios, di que estas piedras se conviertan en pan" (Mateo 4.2-3). Esta tentación se la repitió dos veces más, pero, Jesús no cayó en sus tentaciones y le dijo: "Vete, Satanás, porque escrito está: "Al Señor tu Dios adorarás y sólo a él servirás." El diablo entonces lo dejó, y vinieron ángeles y lo servían" (Mateo 4.10-11).

La experiencia en Getsemaní fue una experiencia que demostró de una manera clara la humanidad de Jesús: "Y tomando a Pedro y a los dos hijos de Zebedeo, comenzó a entristecerse y a angustiarse en gran manera. Entonces Jesús les dijo: Mi alma está muy triste, hasta la muerte; quedaos aquí y velad conmigo. Yendo un poco adelante, se postró sobre su rostro, orando y diciendo: «Padre mío, si es posible, pase de mí esta copa; pero no sea

---

[58] Donald Guthrie, *New Testament Theology*, (England: Inter-Varsity Press, 1981), 221.

como yo quiero, sino como tú.»" (Mateo 26.37-39). Claro, también el testimonio del Nuevo Testamento fue que Jesús era un ser humano único en su clase. Su vida no estuvo marcada por el pecado.

En la entrada triunfal de Jesús en su viaje a Jerusalén la pregunta de la multitud era: "¿Quién es éste?" (Mateo 21.10). Y gente de la multitud decía: "Éste es Jesús, el profeta, el de Nazaret de Galilea" (Mateo 21.11). Una clara afirmación del evangelista de la realidad de la humanidad del Hijo de Dios.

Además de la humanidad de Jesús, el evangelista Mateo desde el inicio del nacimiento de Jesús, comparte con su audiencia la realidad de que el nacimiento de Jesús es fruto de la acción del Dios por medio del Espíritu Santo. Es decir, Jesús, además, de ser humano era divino. Las palabras exactas de Mateo son las siguientes: "José, su marido, como era justo y no quería infamarla, quiso dejarla secretamente. Pensando él en esto, un ángel del Señor se le apareció en sueños y le dijo: «José, hijo de David, no temas recibir a María tu mujer, porque lo que en ella es engendrado, del Espíritu Santo es. Dará a luz un hijo, y le pondrás por nombre Jesús, porque él salvará a su pueblo de sus pecados»" (Mateo 1.19-21). Su nacimiento marca la realidad de que Jesús era un hombre único en su clase. El evangelista Mateo se encarga de demostrar con el relato del nacimiento de Jesús, por medio de la concepción milagrosa del Espíritu Santo y su nacimiento virginal, también milagroso, que Jesús no fue un mero hombre como decían los adopcionistas: Adoptado como Hijo de Dios en el bautismo, sino que nació por la intervención del Espíritu Santo.

El Mesías

El título de Mesías es la traducción de la palabra griega *Christos* (el *Ungido*). En el contexto de los primeros cristianos del siglo primero la palabra *Christos* se usó para designar a Jesús como el Mesías y como parte de su nombre propio: *Jesucristo*. De hecho, temprano en el inicio a los seguidores de Cristo le llamaron cristianos. "Se congregaron allí todo un año con la iglesia, y enseñaron a mucha gente. A los discípulos se les llamó cristianos por primera vez en Antioquía" (Hechos 11.26). El evangelista Mateo comienza a usar el título el *Ungido* para referirse a Jesús, bien temprano en su narrativa. En el relato del capítulo 2 Herodes, durante la visita de los "sabios de oriente", preguntando: "¿Dónde está el rey de los judíos que ha nacido?"(Mateo 2.2). "Al oír esto, el rey Herodes... se turbó... Y, habiendo convocado a todos los principales sacerdotes y escribas del pueblo, les preguntó dónde había de nacer el Cristo" (Mateo 2.3-4. Énfasis suplido). Sin lugar a duda, creo que el evangelista Mateo entendió que Herodes estimó que la palabra "rey" que usaron los "sabios de oriente" Herodes la concibió como una referencia al *ungido* de Dios. El evangelista aprovecha para usarla como el *Mesías* de Dios.

La confesión de Pedro es otro evento que utiliza el evangelio de Mateo para referirse a Jesús como el Mesías. "Él les preguntó: Y vosotros, ¿quién decís que soy yo? Respondiendo Simón Pedro, dijo: Tú eres el Cristo, el Hijo del Dios viviente" (Mateo 16.15-16). Creo que el evangelista Mateo quería que su audiencia entendiera que este Jesús de Nazaret era el Hijo del Dios viviente y por medio de su nacimiento virginal era "Dios con nosotros": "«Una virgen concebirá y dará a luz un hijo y le pondrás por nombre Emanuel» (que significa: «Dios con nosotros»)" (Mateo1.23). Sobre este tema Donald Guthrie ha dicho: "El título Mesías solo podía ser malinterpretado como un mero título político, sin embargo, las adiciones de Mateo [a la explicación original del evangelista Marcos] hace que esta confusión sea menos probable, porque le introduce conceptos espirituales al título".[59] No tengo duda alguna que el evangelista Mateo vio en Jesús más que un mero Mesías político, por el contrario, todo el relato de su evangelio es una declaración contundente que Jesús era el Mesías, el Hijo del Dios viviente.

La siguiente mención del evangelista Mateo sobre el Mesías. Se encuentra en el capítulo 22 de Mateo. Es un diálogo de Jesús con los fariseos donde Jesús les pregunta: "¿Qué pensáis del Cristo? ¿De quién es hijo?" (Mateo 22.42). La respuesta de los fariseos es: "de David" (Mateo 22.42). Entonces Jesús responde: ¿Cómo, pues, David, en el Espíritu lo llama Señor, diciendo: » "Dijo el Señor a mi Señor: siéntate a mi derecha, hasta que ponga a tus enemigos por estrado de tus pies"? (Mateo 22.43-44). Una vez más el evangelista Mateo identifica al Mesías como el *Kyrios*, el Señor, el Hijo de Dios. El evangelista Mateo está claro que Jesús es el Ungido de Dios.

Finalmente, el evangelista Mateo les advierte a sus discípulos en el capítulo 24 que tienen que estar vigilantes porque al final se levantarán falsos cristos.

---

[59] Guthrie, *New Testament Theology...*, 221.

"Entonces, si alguno os dice: "Mirad, aquí está el Cristo", o "Mirad, allí está", no lo creáis, porque se levantarán falsos cristos y falsos profetas, y harán grandes señales y prodigios, de tal manera que engañarán, si es posible, aun a los escogidos" (Mateo 24.23-24. Énfasis suplido.). La advertencia del evangelista Mateo que solo Jesús de Nazaret es el Cristo, los demás son falsos cristos. Sin lugar a duda, el evangelista Mateo le confesaba a su audiencia que Jesús de Nazaret era el Mesías y que en él Dios nos había visitado para salvar al ser humano y al mundo. Jesús eral el mediador de la redención porque en su persona Dios estaba con nosotros para efectuar la salvación.

¿Podríamos decir, en un análisis final, que el título de Mesías cumplió con la función soteriológica que Mateo le asigna a Jesús, desde el inicio de su evangelio? "Dios con nosotros" (Mateo 1.23). La mejor manera de responder a esta pregunta es con la respuesta que Jesús le envió a Juan el Bautista a la cárcel.

Al oír Juan en la cárcel los hechos de Cristo, le envió dos de sus discípulos a preguntarle: ¿Eres tú aquel que había de venir o esperaremos a otro? Respondiendo Jesús, les dijo: Id y haced saber a Juan las cosas que oís y veis. Los ciegos ven, los cojos andan, los leprosos son limpiados, los sordos oyen, los muertos son resucitados y a los pobres es anunciado el evangelio; y bienaventurado es el que no halle tropiezo en mí (Mateo 11.2-6).

Este era el mensaje que corroboraba que Jesús era el *Cristo*, el ungido de Dios, para dar el mensaje de esperanza a los desventajados y olvidados del mundo. Donald Guthrie dice: "el ministerio de Jesús ya Juan lo conocía, un ministerio de compasión, muy diferente a las aspiraciones políticas [de su tiempo]".[60]

Hijo de David

El título *Hijo de David* se usa más en el evangelio de Mateo que en los otros evangelios. Mateo lo utiliza 10 veces (Mateo 1.1; 1.20; 9.27; 12.23; 15.22; 20.30; 20.31; 21.9; 21.15 y 22.42). Los evangelistas Marcos y Lucas lo usan cuatro veces y el evangelista Juan no lo utiliza. Los Hechos de los apóstoles lo usa una vez y la epístola a los Romano una vez. La identificación de Jesús como Hijo de David se asocia al pasaje bíblico del capítulo 7 de 2 Samuel.

> "Tu casa y tu reino permanecerán siempre delante de tu rostro, y tu trono será estable eternamente'". Así, conforme a todas estas palabras, y conforme a toda esta visión, habló Natán a David. Entonces entró el rey David y se puso delante de Jehová, y dijo: «Señor Jehová, ¿quién soy yo, y qué es mi casa, para que tú me hayas traído hasta aquí? Y aun te ha parecido poco esto, Señor Jehová, pues también has hablado de la casa de tu siervo en lo por venir. ¿Es así como procede el hombre, Señor Jehová? ¿Y qué más puede añadir David hablando contigo? Pues tú conoces a tu siervo, Señor Jehová. Todas estas grandezas has hecho por tu palabra y conforme a tu corazón, haciéndolas saber a tu siervo. Por tanto, tú te

---

[60] Guthrie, *New Testament Theology...*, 251.

has engrandecido, Jehová Dios; por cuanto no hay como tú, ni hay Dios fuera de ti, conforme a todo lo que hemos oído con nuestros oídos. ¿Y quién como tu pueblo, como Israel, nación singular en la tierra? Porque Dios fue para rescatarlo como pueblo suyo, para ponerle nombre, para hacer cosas grandes a su favor, y obras terribles en tu tierra, por amor de tu pueblo, el que rescataste para ti de Egipto, de las naciones y de sus dioses. Porque tú estableciste a tu pueblo Israel como pueblo tuyo para siempre; y tú, oh Jehová, eres su Dios" (2 Samuel 7.16-24).

Podría decir, que la designación de Jesús como *Hijo de David* fue importante para el tiempo de Jesús de Nazaret y para el tiempo de la Iglesia cristiana. El evangelista Mateo hace referencia a Jesús como descendiente de David en el inicio de su evangelio. En las genealogías, Mateo hace claro que va a relatar la historia de Jesús el *Hijo de David*.

"Libro de la genealogía de Jesucristo, *hijo de David*, hijo de Abraham... Después de la deportación a Babilonia, Jeconías engendró a Salatiel, y Salatiel a Zorobabel. Zorobabel engendró a Abiud, Abiud a Eliaquim, y Eliaquim a Azor. Azor engendró a Sadoc, Sadoc a Aquim, y Aquim a Eliud. Eliud engendró a Eleazar, Eleazar a Matán, Matán a Jacob. Jacob engendró a José, marido de María, de la cual nació Jesús, llamado el Cristo. De manera que todas las generaciones desde Abraham hasta David son catorce; desde David hasta la deportación a Babilonia, catorce; y desde la deportación a Babilonia hasta Cristo, catorce" (Mateo 1.1;12-17. Énfasis suplido).

Donald Guthrie señala "que debido a la conexión estrecha en el judaísmo entre el Mesías y David era natural suponer que los primeros cristianos identificaran a Jesús como el Hijo de David" y afirma, además, "que las genealogías son, por lo tanto, un testimonio importante sobre Jesús como Hijo de Dios".[61] Otra referencia que Mateo hace sobre el título Hijo de David se encuentra en el momento de la entrada triunfal de Jesús a Jerusalén. "Y en el Templo se le acercaron ciegos y cojos, y los sanó. Pero los principales sacerdotes y los escribas, viendo las maravillas que hacía y a los muchachos aclamando en el Templo y diciendo: «¡Hosana al Hijo de David!», se enojaron" (Mateo 21.14-15). Es muy posible que la multitud de la experiencia de la entrada triunfal de Jesús a Jerusalén, sin lugar a duda, identificó a Jesús como el Hijo de David.

Puedo decir, de mi lectura del evangelio de Mateo que este evangelista, de alguna manera, demostró un interés particular en el título *Hijo de David* para Jesús. El evangelio comienza afirmando: Libro de la genealogía de Jesucristo, hijo de David, hijo de Abraham Mateo 1.1. Énfasis suplido). El próximo ejemplo es la historia que el evangelista Marcos identifica con Bartimeo y que Matero identifica con dos ciegos: "Cuando salió Jesús, lo siguieron dos ciegos, diciéndole a gritos: ¡Ten misericordia de nosotros, *Hijo de David*! (Mateo 9.27. Énfasis suplido). La próxima mención del título *Hijo de David* ocurre cuando le llevan un "endemoniado,

---

[61] Guthrie, *New Testament Theology...*, 253.

ciego y mudo; y lo sanó, de tal manera que el ciego y mudo veía y hablaba" (Mateo 12.22). Ante este milagro: "Toda la gente estaba atónita y decía: «¿Será éste el Hijo de David?" (Mateo 12.23. Énfasis suplido). El siguiente ejemplo tiene que ver con la fe de la mujer cananea del capítulo 15 de Mateo: Saliendo Jesús de allí, se fue a la región de Tiro y de Sidón. Entonces una mujer cananea que había salido de aquella región comenzó a gritar y a decirle: ¡Señor, *Hijo de David*, ten misericordia de mí! Mi hija es gravemente atormentada por un demonio (Mateo 15.21-22). Énfasis suplido). "Y en el Templo se le acercaron ciegos y cojos, y los sanó. Pero los principales sacerdotes y los escribas, viendo las maravillas que hacía y a los muchachos aclamando en el Templo y diciendo: «¡Hosana al Hijo de David!», se enojaron. El siguiente ejemplo se encuentra en el capítulo 21 de Mateo. Este es el relato de Mateo de la entrada triunfal de Jesús en Jerusalén. Mateo relata lo siguiente: "Y la gente que iba delante y la que iba detrás aclamaba, diciendo: «¡Hosana al *Hijo de David*! ¡Bendito el que viene en el nombre del Señor! ¡Hosana en las alturas!"

Jack Dean Kingsbury en su artículo "The Tittle 'Son of David' in Mathew's Gospel" ("El título 'Hijo de David' en el evangelio de Mateo), dice que en estas cuatro citas el evangelio de Mateo siguen a las que aparecen en el evangelio de Marcos (Marcos 20.30-31; 10.47-48; 22.42-45; y 12.35-37).[62]

---

[62] Jack Dean Kingsbury, "The Tittle 'Son of David' in Mathew's Gospel" (JBL. 95, 4 (1976), 591-602, https://www.jstor.org/stable/3265574. Accedido 17 de enero de 2025, 591.

En mi caso, a diferencia de muchos estudiosos del Nuevo Testamento, creo que el evangelista Mateo ve el título *Hijo de David* como una referencia a la *raíz de Isaí* del profeta Isaías: Acontecerá en aquel tiempo que la *raíz de Isaí*, la cual estará puesta por pendón a los pueblos, será buscada por las gentes; y su habitación será gloriosa (Isaías 11.10. Énfasis suplido), a la cual Pablo hace referencia en su carta a los Romanos: "Y otra vez dice Isaías: «Estará la *raíz de Isaí* y el que se levantará para gobernar a las naciones, las cuales esperarán en él»" (Romanos 15.12. Énfasis suplido). Estas dos referencias, tanto la del profeta Isaías como la del apóstol Pablo, me llevan a declarar que el evangelista Mateo, cuando usa el título *Hijo de David* se refiere a la divinidad de Jesús y no a su humanidad.

Parece que Mateo conecta el título Hijo de David con la promesa de Dios hecha a David en el segundo libro de Samuel:

"Y cuando tus días se hayan cumplido y duermas con tus padres, yo levantaré después de ti a uno de tu linaje, el cual saldrá de tus entrañas, y afirmaré su reino. Él edificará una casa para mi nombre, y yo afirmaré para siempre el trono de su reino. Yo seré padre para él, y él será hijo para mí. Si hace mal, yo lo castigaré con vara de hombres, y con azotes de hijos de hombres; pero no apartaré mi misericordia de él como la aparté de Saúl, a quien quité de delante de ti. Tu casa y tu reino permanecerán siempre delante de tu rostro, y tu trono será estable eternamente'"» (2 Samuel 7.12-16).

En palabras de D. A. Carson[63] el *Ungido* (el *Cristo*) es el rey ungido (el *Hijo de David*); y éste está ejerciendo su autoridad real para cumplir sus expectaciones mesiánicas, entonces el reino mesiánico (el *Reino de Dios*) ha llegado.[64]

Hijo del hombre

El evangelio de Mateo usa el título cristológico para Jesús de *Hijo del Hombre* 31 veces. (Mateo 8.22; 9.6; 10.23; 11.19; 12.8; 12.32; 12.40; 13.37; 13.41; 16.13; 16.27; 16.28; 17.9; 17.12; 17.22; 18.11; 19.28; 20.18; 24.27; 24.29; 24.30; 24.37; 24.39; 24.44; 26.2; 26.24; 26.45; 26.64). Sobre este título cristológico ha habido mucho debate teológico. Como fruto de este debate teológico han surgido por lo menos cinco posibles proposiciones que Donald Guthrie enumera de la siguiente manera: (1) Los dichos del *Hijo de Hombre* podrían ser auténticos y revelar el punto de vista de Jesús sobre su propia identidad. (2) Los dichos sobre el *Hijo del hombre* podrían ser producto de la fe de la iglesia neotestamentaria y no reflejan la concepción de Jesús sobre sí mismo. (3) Lo dichos sobre el *Hijo del hombre* acerca del futuro solamente son auténticos, pero estos se refieren a otra persona y no

---

[63] Donald Arthur Carson es un teólogo canadiense evangélico distinguido como profesor emeritus Trinity Evangelical Divinity School.

[64] D.A. Carson, "Christological Ambiguities in the Gospel of Matthew," Harold H. Rowdon, ed., *Christ the Lord. Studies in Christology* Presented to Donald Guthrie. Leicester: Inter-Varsity Press, 1982. Hbk. ISBN: 0851117449. 97-114. https://biblicalstudies.org.uk/pdf/christ-the-lord/matthew_carson.pdfAccedido 17 de enero de 2025.

a Jesús. (4) Lo dichos sobre el *Hijo del hombre* acerca del futuro solamente son auténticos, pero Jesús solo pensó sobre sí mismo como el *Hijo del hombre* celestial a ser revelado en consumación del tiempo presente y (5), los dichos sobre el *Hijo del hombre* acerca de la vida terrenal de Jesús son solo los auténticos.[65]

En mi caso, concurro con aquellos estudiantes del Nuevo Testamento que afirman que lo dichos sobre el *Hijo del hombre* acerca del futuro solamente son auténticos, pero Jesús solo pensó sobre sí mismo como el *Hijo del hombre* celestial a ser revelado en consumación del tiempo presente. Desde esa perspectiva creo que la audiencia a quien se le dirigió el evangelio estaba al tanto del mensaje de profeta Daniel y podía identificar la figura del Hijo del hombre con la del capítulo de Daniel 7. Guthrie, destaca que el título se explica mejor si decimos que el título de Hijo de Hombre fue usado por Jesús como lo redactan los evangelios sinópticos, pero que éste fue reemplazado por otros títulos en la historia temprana de la fe cristiana.[66]

Señor

No hay duda alguna para mí, que, para el tiempo del Nuevo Testamento, la palabra *señor* tenía una connotación de respeto y cortesía para una persona que ostentaba una posición superior. En término del uso del título *Señor* por Mateo ocurre posterior a la muerte y resurrección de Jesús. Luego de la

---

[65] Guthrie, *New Testament Theology...*, 270-271.
[66] Guthrie, *New Testament Theology...*, 271.

resurrección de Jesús el uso de este título con relación a Jesús representaba algo más que una consideración de respeto. Soy de opinión que representaba la dignidad del mesianismo de Jesús como el *Ungido* de Dios y por lo tanto su divinidad, realidad que los discípulos entendieron cabalmente, luego de la resurrección. Creo que el evangelista Mateo usó este título con relación a Jesús, para enfatizar su divinidad. El evangelista Mateo, dice Carson, citando el erudito del Nuevo Testamento Günther Bornkamm[67], que a diferencia de Marcos y Lucas, ha designado a Jesús, no solo con títulos humanos, sino también, con títulos divinos de majestad como lo es el *Señor* (*kyrios*). Añade, además, que en el evangelio de Mateo los fariseos y los extraños se referían a Jesús como *maestro* (*didaskalos*), pero los discípulos excepto Judas Iscariote se referían a él como *Señor* (*Kyrios*).[68]

Hijo de Dios

Creo que el evangelista Mateo, al igual que los primeros cristianos, estaban convencidos que Jesús de Nazaret era el Hijo de Dios. Donald Guthrie, curiosamente, dice: "Si Jesús fue el Hijo de Dios en

---

[67] Günther Bornkamm fue un erudito alemán del Nuevo Testamento relacionado con la escuela de Rudolf Bultmann. Bajo el régimen de Adolfo Hitler se opuso al nazificación de la Iglesia Protestante en Alemania

[68] D.A. Carson, "Christological Ambiguities in the Gospel of Matthew," Harold H. Rowdon, ed., *Christ the Lord. Studies in Christology* Presented to Donald Guthrie. Leicester: Inter-Varsity Press, 1982. Hbk. ISBN: 0851117449. 97-114. https://biblicalstudies.org.uk/pdf/christ-the-lord/matthew_carson.pdfAccedido 17 de enero de 2025. Traducción al español de este autor.

una forma única, ésta consideración no solo afectará sus enseñanzas, sino todo lo que él hizo".[69] Mas adelante Guthrie afirma: "la idea de ser Hijo de Dios fue aplicada en el Antiguo Testamento para reyes teocráticos. Por ejemplo, 2 Samuel 7.14 es una promesa directa para el hijo de David de que Dios sería su padre y él sería el hijo de Dios. La promesa no era solamente en referencia a Salomón, pero extendida a sus sucesores. Más tarde se aplicó al Mesías como Hijo de David. De acuerdo con este pensamiento está la declaración del salmista: "Yo publicaré el decreto; Jehová me ha dicho: «Mi hijo eres tú; yo te engendré hoy"(Salmos 2.7), que se cita varias veces en el Nuevo Testamento" [Marcos 1.11; Lucas 3.22; Juan 1.42; Hechos 13.33; Hebreos 1.5; 5.5].[70]

Examinemos los pasajes en Mateo donde se habla de la paternidad de Dios con relación a Jesús. El primer pasaje que quiero examinar es Mateo 1.25-27. Esta es una oración de Jesús donde se refiere a Dios como *Padre* y como *mi Padre*. Este es el texto que quiero que exploremos:

> En aquel tiempo, respondiendo Jesús, dijo: «Te alabo, *Padre*, Señor del cielo y de la tierra, porque escondiste estas cosas de los sabios y de los entendidos, y las revelaste a los niños. Sí, *Padre*, porque así te agradó. »Todas las cosas me fueron entregadas por *mi Padre*; y nadie conoce al *Hijo*, sino el *Padre*, ni nadie conoce al *Padre*, sino el Hijo y aquel a quien el

---

[69] Guthrie, *New Testament Theology...*, 301. Traducción al español de este autor.

[70] Guthrie, *New Testament Theology...*, 302. Traducción al español de este autor.

Hijo se lo quiera revelar. " (Mateo 11.25-27. Énfasis suplido).

Creo, firmemente, que este texto en Mateo demuestra que Jesús estaba plenamente consciente de su relación única con *su* Padre y que era el único canal para transmitir la revelación de Dios a sus discípulos. Guthrie declara que esta revelación "incluía la relación filial única entre Jesús y Dios".[71] Esta relación única del Jesús apunta al hecho de que Jesús recibe adoración, tiene toda autoridad y es mencionado junto al Padre y el Espíritu Santo.

El próximo pasaje bíblico de Mateo que deseo analizar es el relato del bautismo de Jesús, la voz del Padre y sus tentaciones en cada una de estas experiencias, la condición de Jesús en el Evangelio de Mateo, al igual que los otros evangelios, particularmente en el de Juan la presentación de Jesús como Hijo de Dios es fundamental. Inclusive su condición de Hijo de Dios está implícita en el relato de su nacimiento virginal, en su bautismo en el Jordán. Es decir, la cristología de Mateo es de *arriba* y también *encarnacional*. En el Evangelio de Mateo, al igual que los otros evangelios, particularmente en el de Juan la presentación de Jesús como Hijo de Dios es esencial. El relato bíblico del bautismo de Jesús del evangelista Mateo dice lo siguiente: "Entonces Jesús vino de Galilea al Jordán, donde estaba Juan, para ser bautizado por él. Pero Juan se le oponía, diciendo: Yo necesito ser bautizado por ti, ¿y tú acudes a mí? Jesús le respondió: Permítelo ahora, porque así conviene que cumplamos toda justicia" (Mateo 3.13-15). La

---

[71] Guthrie, *New Testament Theology…*, 307. Traducción al español de este autor.

presentación que Mateo hace del bautismo de Jesús incluye su preocupación por presentar a Jesús como el justo Hijo de Dios. Es decir, la cristología de Mateo es de *arriba* y también *encarnacional*.

Por otro lado, el texto del relato de la voz del cielo dice lo siguiente:

Entonces se lo permitió. Y Jesús, después que fue bautizado, subió enseguida del agua, y en ese momento los cielos le fueron abiertos, y vio al Espíritu de Dios que descendía como paloma y se posaba sobre él. Y se oyó una voz de los cielos que decía: «Éste es mi Hijo amado, en quien tengo complacencia.» (Mateo 3.15-17).

En el relato del evangelista Mateo la presencia del Padre, el Hijo y el Espíritu Santo enfatiza la relación especial de Jesús con su Padre. La voz del Padre en el contexto del bautismo de Jesús es una firme declaración para el evangelista Mateo que Jesús es el Hijo de Dios y mantiene una relación única con Dios.

En último lugar, en los relatos de las tentaciones de Jesús, de igual manera, se refleja la intención del evangelista Mateo para sostener que aún en estos relatos el evangelista Mateo está claro que, esta no eran demostraciones de que Satanás dudara de la condición de Hijo de Dios de Jesús, sino todo lo contrario. El relato bíblico expresa los siguiente:

Se le acercó el tentador y le dijo: Si eres Hijo de Dios, di que estas piedras se conviertan en pan. Él respondió y dijo: Escrito está: "No sólo de pan vivirá el hombre, sino de toda palabra que sale de la boca de Dios." Entonces el diablo lo llevó a la santa ciudad, lo puso sobre el pináculo del Templo y le dijo: Si eres Hijo de Dios, tírate abajo, pues escrito está: "A sus ángeles mandará acerca de ti", y "En sus manos te sostendrán, para que no tropieces con tu pie en piedra." (Mateo 4.3-6).

Las tentaciones trataron de poner a prueba la realidad de la convicción de la consciencia de Jesús como Hijo de Dios. Lo que quería con estas pruebas Satanás, no era manifestar si Jesús era el Hijo de Dios. Creo que eso ya Satanás lo sabía. Era más importante para Satanás tentar a Jesús para ver si Jesús usaba su relación filial con Dios para ingeniarse un espectáculo o si la usaba para demostrar su total obediencia a su Padre.

En el siguiente pasaje quiero analizar la voz celestial en la escena de la transfiguración. Este es el relato del texto bíblico:

Seis días después, Jesús tomó a Pedro, a Jacobo y a su hermano Juan, y los llevó aparte a un monte alto. Allí se transfiguró delante de ellos, y resplandeció su rostro como el sol, y sus vestidos se hicieron blancos como la luz. Y se les aparecieron Moisés y Elías, que hablaban con él. Entonces Pedro dijo a Jesús: «Señor, bueno es para nosotros que estemos aquí; si quieres, haremos aquí tres enramadas: una para ti, otra para Moisés y otra para Elías.» Mientras él aún hablaba, una nube de luz los cubrió y se oyó una voz desde la nube, que decía: «Éste es mi Hijo amado, en quien tengo complacencia; a él oíd.» (Mateo 17.1-5)

Este relato de Mateo, otra vez, vincula la voz de Dios con la relación filial entre Dios y Jesús.

Mateo

Concurro con Guthrie que este relato es una revelación sobrenatural. Lo que Pedro había confesado sobre la deidad de Jesús es virtual y oralmente es atestiguado de forma sobrenatural.[72]

Hay otro elemento clave para mí en la escena de la transfiguración. La voz pide que oigan a Jesús, e inmediatamente después el relato bíblico dice: "Cuando ellos alzaron los ojos, no vieron a nadie, sino a Jesús solo" (Mateo 17.8). El mensaje es claro solo Jesús es suficiente como Hijo de Dios. Tanto Moisés como Elías eran figuras del Antiguo Testamento que apuntaban a Jesús el Cristo, pero el Hijo de Dios es suficiente, el *amado* de Dios para la salvación de la raza humana y del mundo.

Conclusión

En este ensayo sobre la cristología de Mateo he afirmado que desde el inicio de su evangelio, Mateo quiso decir que Jesús el Cristo es el Hijo de Dios. "Libro de la genealogía de Jesucristo, hijo de David, hijo de Abraham:" (Mateo 1.1). Pero, además de enfatizar que este Jesús es humano, también declara que por su descendencia del Espíritu, es Hijo de Dios. El mismo Dios dice que Jesús es su Hijo: "Y se oyó una voz de los cielos que decía: «Éste es mi Hijo amado, en quien tengo complacencia.»" (Mateo 3.17). Pedro lo confiesa, públicamente, como el Cristo, el Hijo de Dios: "Respondiendo Simón Pedro, dijo: Tú eres el Cristo, el Hijo del Dios viviente" (Mateo 16.16). Al final de su evangelio, Mateo presenta a Jesús, aceptando, como en una especie de juramento, que

---

[72] Guthrie, *New Testament Theology...*, 310.

era el Hijo de Dios: "Pero Jesús callaba. Entonces el sumo sacerdote le dijo: Te conjuro por el Dios viviente que nos digas si eres tú el Cristo, el Hijo de Dios. Jesús le dijo: Tú lo has dicho. Y además os digo que desde ahora veréis al Hijo del hombre sentado a la diestra del poder de Dios y viniendo en las nubes del Cielo" (Mateo 26.63-64).

El estudio de los títulos cristológicos de Jesús en el evangelio de Mateo: Mesías, Hijo del hombre, Hijo de David, Señor, Hijo de Dios, nos ofrece una oportunidad de ver como Mateo nos presenta a Jesús el Cristo. Sin lugar a duda, el evangelista Mateo quiere enfatizar que el Jesús de Nazaret de la historia de los evangelios es el Hijo de Dios porque nació por una acción del Espíritu de Dios que hizo sombra sobre una virgen como lo profetizó el profeta Isaías: "Por tanto, el Señor mismo os dará señal: La virgen concebirá y dará a luz un hijo, y le pondrá por nombre Emanuel" (Isaías 7.14).

Así que no me queda duda alguna de esta dos afirmaciones sobre Jesús del evangelista Mateo. Por un lado, destaca la realidad de la humanidad de Jesús con su nacimiento dentro de una familia común del siglo primero. Por otro lado, su deidad está implícita en el relato de su nacimiento virginal y en su bautismo en el Jordán. Como he dicho antes, la cristología de Mateo es de *arriba* y también *encarnacional*. Es decir, para el evangelista Mateo la humanidad y la deidad de Jesús son piedras angulares en su cristología. Confío que hayan disfrutado la cristología de Mateo y que la lectura de este ensayo los lleve de regreso a una nueva lectura del Evangelio de Mateo. ¡Escuchen al evangelista con nuevos oídos!

Preguntas de repaso:

1. ¿Qué tipo de cristología presenta el evangelista Mateo?
2. ¿Cuáles son los títulos que discute El evangelista Mateo?
3. ¿Qué demostraron las tentaciones de Jesús en el desierto y la experiencia de Getsemaní?
4. ¿Qué significa para el evangelista Mateo el nacimiento de Jesús por obra del Espíritu Santo?

Capítulo 4

UNA CRISTOLOGÍA DEL EVANGELIO DE LUCAS

Introducción

Como ya se habrán dado cuenta, cada uno de los evangelistas del canon bíblico presenta a Jesús desde una perspectiva particular y con propósitos específicos. En el estudio que estoy presentando de los tres evangelios sinópticos he tratado de ser fiel al propósito de cada evangelista y escucharlo atentamente.

Sin embargo, también es cierto que, aún con sus marcadas diferencias, los evangelios sinópticos, también tienen similitudes en el relato que cuentan para su audiencia. Larry Hurtado ha sugerido las siguientes similitudes: (1) comienzan con el ministerio de Juan el Bautista, (2) quien introduce a Jesús en el escenario, (3) seguido por las obras de Jesús, incluido: (a) el llamado de Jesús a sus discípulos, (b) los milagros, (c) las enseñanzas, (d) las controversias, (e) la oposición, culminando (4) con un viaje a Jerusalén, centrado en (a) las palabras finales de Jesús a sus discípulos, (b) su arresto, (c) sus comparecencias frente a la autoridades religiosas y políticas, (d) su muerte, (e) su resurrección y (f) la reafirmación pos resurrección a sus discípulos. Ambas realidades, tanto las diferencias, como las similitudes, hay que mantenerlas en conversación unas con las otras para apreciar los relatos de los evangelios.[73]

En el evangelio de Lucas y en su segundo volumen, el libro Hechos, se presenta una historia que enfatiza, tanto la humanidad de Jesús, como su deidad. En mi análisis cuidadoso de la cristología de Lucas, me encargaré de señalar ambos aspectos de su cristología y otros asuntos importantes del contenido del evangelio de Lucas y del libro de los Hechos, que su autor quiere que sus lectores conozcan en detalles. Es muy difícil hablar del evangelio de Lucas, sin hablar del libro de los Hechos, así que mis observaciones, siempre que sea pertinente, tendrán una referencia al libro de los Hechos, como parte de la narrativa de Lucas. Concurro con Larry Hurtado, cuando dice: que en Lucas-Hechos se combina un relato completo que armoniza la historia de Jesús con la historia del cristianismo primitivo.[74]

El relato del nacimiento sobrenatural de Jesús

El evangelista Lucas, al igual que Mateo, bien temprano en su narración, incluye la narrativa del nacimiento sobrenatural de Jesús. El relato dice lo siguiente:

> Al sexto mes el ángel Gabriel fue enviado por Dios a una ciudad de Galilea, llamada Nazaret, a una virgen desposada con un varón que se llamaba José, de la casa de

---

[73] Larry W. Hurtado, *Lord, Jesus Christ: Devotion to Jesus in Earliest Christianity*, (Grand Rapids, Michigan: William B. Eerdmans Publishing Company, 2003), 262.

[74] Hurtado, *Lord, Jesus Christ…*, 340.

David; y el nombre de la virgen era María. Y entrando el ángel en donde ella estaba, dijo: ¡Salve, muy favorecida! El Señor es contigo; bendita tú entre las mujeres. Mas ella, cuando le vio, se turbó por sus palabras, y pensaba qué salutación sería esta. Entonces el ángel le dijo: María, no temas, porque has hallado gracia delante de Dios. Y ahora, concebirás en tu vientre, y darás a luz un hijo, y llamarás su nombre JESÚS. Este será grande, y será llamado Hijo del Altísimo; y el Señor Dios le dará el trono de David su padre; y reinará sobre la casa de Jacob para siempre, y su reino no tendrá fin. Entonces María dijo al ángel: ¿Cómo será esto? pues no conozco varón. Respondiendo el ángel, le dijo: El Espíritu Santo vendrá sobre ti, y el poder del Altísimo te cubrirá con su sombra; por lo cual también el Santo Ser que nacerá, será llamado Hijo de Dios. Y he aquí tu parienta Elisabet, ella también ha concebido hijo en su vejez; y este es el sexto mes para ella, la que llamaban estéril; porque nada hay imposible para Dios. Entonces María dijo: He aquí la sierva del Señor; hágase conmigo conforme a tu palabra. Y el ángel se fue de su presencia (Lucas 1. 26-38).

Ante la incertidumbre y asombro de María que no entendía las palabras del ángel Gabriel y que se preguntaba: ¿Cómo será esto? pues no conocía varón (Lucas 1.34). El ángel Gabriel le explicó: "El Espíritu Santo vendrá sobre ti, y el poder del Altísimo te cubrirá con su sombra; por lo cual también el Santo Ser que nacerá, será llamado Hijo de Dios" (Lucas

1.35). Además, le dijo que su hijo será el heredero del trono de David "y reinará sobre la casa de Jacob para siempre, y su reino no tendrá fin" (Lucas 1.33). Concurro con Larry Hurtado quien dice que el relato del nacimiento sobrenatural de Jesús en Lucas, demuestra que la concepción única de Jesús funciona como una manera de afirmar su significado como verdadero heredero real de David y, también, testifica, elocuentemente, sobre el cumplimiento de las esperanzas mesiánicas y de redención para Israel. Es decir, la concepción sobrenatural de Jesús sucede como una acción milagrosa de Dios, totalmente como una iniciativa del poder de Dios y en armonía con sus propósitos redentores.[75] La salvación procede de Dios y en Jesús, Hijo de Dios, El Dios de Israel cumplirá su promesa de salvar a Israel y a todas las naciones.

Los títulos mesiánicos que Lucas le atribuye a Jesús

Al igual que los otros evangelios sinópticos el evangelista Lucas también identifica a Jesús con algunos títulos mesiánicos. Con estos títulos mesiánicos, el evangelista Lucas identifica a Jesús como Hijo de Dios que se encanó por virtud del Espíritu Santo en una virgen, llamada María, para convertirse en el Salvador de todos los seres humanos. En esta sección me dedicaré enumerar y tratar de definir los mismos, de acuerdo con mí mejor entendimiento, de lo que Lucas nos quería decir con los títulos mesiánicos que el escogió para identificar a Jesús. Examinemos los títulos mesiánicos en detalles.

---

[75] Hurtado, *Lord, Jesus Christ…*, 328-329.

Salvador

El evangelio de Lucas inicia narrando el nacimiento de Jesús de la siguiente manera:

> "Había pastores en la misma región, que velaban y guardaban las vigilias de la noche sobre su rebaño. Y se les presentó un ángel del Señor y la gloria del Señor los rodeó de resplandor, y tuvieron gran temor. Pero el ángel les dijo: No temáis, porque yo os doy nuevas de gran gozo, que será para todo el pueblo: que os ha nacido hoy, en la ciudad de David, *un Salvador*, que es Cristo el Señor (Lucas 2.8-11. Énfasis suplido).

Así que los pastores del relato del nacimiento de Jesús de Lucas, de inmediato, reciben la buena nueva de un ángel "que os ha nacido hoy, en la ciudad de David, *un Salvador* (Lucas 2.11. Énfasis suplido). Lucas está claro en su mensaje que Jesús es Salvador y esta es una buena noticia, que debe inspirar *gozo* y no *temor*. El nacimiento de Jesús el *Salvador* debe invitarnos a la adoración. Como resultado, de inmediato, el evangelista Lucas incluye la adoración celestial. "Repentinamente apareció con el ángel una multitud de las huestes celestiales, que alababan a Dios y decían: ¡Gloria a Dios en las alturas y en la tierra paz, buena voluntad para con los hombres!" (Lucas 2.13-14). No solo hubo en ese momento una adoración celestial, sino que los pastores formaron parte de la adoración celestial en "su aquí y ahora" y dejaron sus ovejas y se fueron a ver al *Salvador* nacido llenos de gozo por la revelación que habían oído y visto. "Los pastores se volvieron glorificando y alabando a Dios por todas las cosas que habían oído y visto, como se les había dicho" (Lucas 2.20). Concurro con Peter J. Scaer en su artículo "Lukan Christology: Jesus as Beautiful Savior" (La cristología de Lucas: Jesús como un salvador hermoso) que sigue en su análisis a Larry W. Hurtado y dice: Las buenas noticias y la adoración son la orden del día para los pastores en *su presente* les ha nacido ya un niño Salvador. No hay que esperar que llegue a la cruz. Ya el niño es Salvador. Aún Simeón cuando llegó al templo a la presentación del niño Jesús exclamó: "Ahora, Señor, despides a tu siervo en paz, conforme a tu palabra, porque han visto mis ojos tu salvación" (Lucas 2. 29-30). Al igual que la salvación estuvo presente para todos lo que vieron al niño Jesús en su nacimiento, la salvación está presente para nosotros en nuestro "aquí y ahora".[76] Disfrutemos del anticipo de la salvación en nuestro "aquí y ahora" hasta que tengamos la plenitud cuando "Cristo es el todo y en todos" (Colosenses 3.11) en su Segunda Venida.

El vocablo paz en el evangelista Lucas

Como Salvador Jesús ofrece paz "¡Gloria a Dios en las alturas y en la tierra *paz*!" (Lucas 2.14a. Énfasis suplido). En varias instancias en su evangelio el evangelista Lucas afirma que Jesús es el portador de la *paz*. Por Ejemplo (1) Simeón, durante la presentación de Jesús en el templo dijo: "Ahora, Señor, despides a tu siervo en *paz*, conforme a tu

---

[76] Peter J. Scaer, "Lukan Christology: Jesus as Beautiful . Énfasis añadido.
Savior",https://ctsfw.net/media/pdfs/pscaerlukanchristolog y.pdf. Accedido 25 de febrero de 2025.

palabra, porque han visto mis ojos tu salvación (Lucas 2.29-30. Énfasis suplido); (2) a la mujer que lo ungió en casa de Simón el fariseo, Jesús le dijo: "Tu fe te ha salvado; ve en paz" (Lucas 7.50b); (3) a la mujer del flujo de sangre después de su confesión, Jesús le dijo: "Hija, tu fe te ha salvado; ve en paz" (Lucas 8.48b); (4) a los 70 que el Señor envió por todas las ciudades a predicar el evangelio de su reino, les dijo: En cualquier casa donde entréis, primeramente decid: "*Paz* sea a esta casa." Si hay allí algún hijo de *paz*, vuestra *paz* reposará sobre él (Lucas 10.5-6. Énfasis suplido); (5) a aquellos que lo acusaban de echar fuera demonios por el poder de Beelzebú le dijo: "Mientras el hombre fuerte y armado guarda su palacio, en *paz* está lo que posee (Lucas 11.21. Énfasis suplido); y (6) a su llegada a Jerusalén, luego de iniciar el viaje hacía Jerusalén, que el evangelista Lucas describe de la siguiente manera: "Cuando se cumplió el tiempo en que él había de ser recibido arriba, afirmó su rostro para ir a Jerusalén" (Lucas 9.51). Cuando llegó cerca de la ciudad, al monte que se llama de los Olivos, Jesús lloró por Jerusalén con una dolorosa oración diciendo: "¡Si también tú conocieras, a lo menos en este tu día, lo que es para tu *paz*!" (19.42. Énfasis suplido).

Todos estos relatos bíblicos reflejan la clara intención del evangelista Lucas de afirmar que Jesús como Salvador era portador y suplidor de la *paz* que el pueblo de Dios necesitaba.

Lucas

El vocablo hoy en el evangelista Lucas

Una vez más, concurro con Peter J. Scaer,[77] cuando dice que para Lucas el vocablo *hoy* es sumamente importante. Por ejemplo, (1) en su discurso en la sinagoga de Nazaret, luego de leer el libro del profeta Isaías (61) "*Hoy* se ha cumplido esta Escritura delante de vosotros" (Lucas 4.21. Énfasis suplido). (2) Frente al milagro del paralítico bajado por el techo para que Jesús lo sanara, luego que Jesús lo perdonó y lo sanó, la multitud presente exclamó: "*Hoy* hemos visto maravillas" (Lucas 5.26 Énfasis suplido). (3) Otra vez, en la experiencia de Zaqueo, luego de entrar a su casa, ante el asombro de la multitud expresó: "Jesús le dijo: "*Hoy* ha venido la salvación a esta casa, por cuanto él también es hijo de Abraham, porque el Hijo del hombre vino a buscar y a salvar lo que se había perdido" (Lucas 19.9-10. Énfasis suplido). Finalmente, (4) la respuesta de Jesús, en la cruz, al ladrón penitente: Entonces Jesús le dijo: De cierto te digo que *hoy* estarás conmigo en el paraíso (Lucas 23,43. Énfasis suplido).

Sin lugar a duda, para Lucas la realidad de la salvación provista por Jesús en su vida, muerte, resurrección y ascensión estaba disponible para el "aquí y ahora" de los que se acercaban a él. Esta es también la realidad de los que nos acercamos hoy a Jesús, en nuestro presente. Igualmente creo que esta liberación en el "aquí y ahora", no solo nos provee salvación eterna, sino, también, sanidad física,

---

[77] Peter J. Scaer, "Lukan Christology: Jesus as Beautiful Savior",
https://ctsfw.net/media/pdfs/pscaerlukanchristology.pdf.
Accedido 25 de febrero de 2025.

espiritual, mental, emocional y social. Estoy convencido que el evangelista Lucas tenía una gran confianza en la liberación inmediata del evangelio para su audiencia y, de igual manera, creo que su evangelio nos habla a nuestro presente y nos dice: *Hoy* la esperanza de este evangelio está delante de nosotros y nos dice: *Hoy* ha venido la salvación a tu casa y situación.

Cristo

La primera referencia sobre el título Cristo aparece en el segundo capítulo del evangelio de Lucas: "que os ha nacido hoy, en la ciudad de David, un Salvador, que es Cristo el Señor" (Lucas 2.11). Este es el relato ya discutido sobre la experiencia de los pastores con el ángel. Además de identificarlo como Salvador, lo identifica como el *Christos* (*Ungido* en hebreo), el Mesías prometido. Ya a María el ángel Gabriel le había dicho: "Concebirás en tu vientre y darás a luz un hijo, y llamarás su nombre Jesús. Éste será grande, y será llamado Hijo del Altísimo. El Señor Dios le dará el trono de David, su padre; reinará sobre la casa de Jacob para siempre y su Reino no tendrá fin" (Lucas 1.32-33). Este pasaje es un recuento del proyecto de redención de Dios para los judíos y gentiles. Pero, Lucas afirmó que: "María guardaba todas estas cosas, meditándolas en su corazón" (Lucas 2.19).

Hijo de David

El título Hijo de David está de acuerdo con la promesa hecha a David de que de su lomos vendría un Salvador. Hay cierta autoridad real en este título. Las siguientes son la citas de Lucas sobre el título Hijo de David: (1) "a una virgen desposada con un varón que se llamaba José, de la casa de David" (Lucas 1.27); (2) "El Señor Dios le dará el trono de David, su padre" (Lucas 1.32); (3) "y nos levantó un poderoso Salvador en la casa de David, su siervo" (Lucas 1.69); (4) "También José subió de Galilea, de la ciudad de Nazaret, a Judea, a la ciudad de David, que se llama Belén, por cuanto era de la casa y familia de David (Lucas 2.4); y (5) "que os ha nacido hoy, en la ciudad de David, un Salvador, que es Cristo el Señor" (Lucas 2.11). Todos estos pasajes apuntan hacia la conexión del trono de David con la autoridad real de Jesús, según se muestra en el evangelio de Lucas.

Para el evangelista Lucas la relación de Jesús como descendiente de David forma parte de su relato sobre la infancia de Jesús. Creo que este énfasis de Lucas en presentar a Jesús como descendiente de David en su relato sobre la infancia de Jesús, obedece al deseo del evangelista Lucas de presentar a Jesús como una figura real de autoridad y su función mesiánica como descendiente del rey más respetado de Israel. La promesa se ve bien clara en el segundo libro de Samuel:

Ahora pues, Jehová Dios, confirma para siempre la palabra que has hablado sobre tu siervo y sobre su casa, y haz conforme a lo que has dicho. Que sea engrandecido tu nombre para siempre, y se diga: "Jehová de los ejércitos es el Dios de Israel"; y que la casa de tu siervo David se mantenga firme delante de ti. Ten ahora a bien bendecir la casa de tu siervo, para que permanezca perpetuamente delante de ti, porque tú, Jehová Dios, lo has dicho, y con tu bendición será bendita la casa de tu siervo para siempre (2 Samuel 7.25-26, 29).

Hijo del Hombre

El título Hijo del hombre es el título que en el evangelio de Lucas Jesús usa para referirse a sí mismo. Esta es la realidad en los tres evangelios sinópticos. Por un lado, en Marcos, como hemos visto en esta obra el énfasis del evangelista Marcos es en el *Siervo sufriente* de la profecía bíblica. En los tres evangelios sinópticos la referencia bíblica es a Daniel capítulo 7 donde dice:

Miraba yo en la visión de la noche, y vi que con las nubes del cielo venía uno como un hijo de hombre; vino hasta el Anciano de días, y lo hicieron acercarse delante de él. Y le fue dado dominio, gloria y reino, para que todos los pueblos, naciones y lenguas lo sirvieran; su dominio es dominio eterno, que nunca pasará; y su reino es uno que nunca será destruido" (Daniel 7.13-14).

Por otro lado, en Lucas el énfasis es más en sufrimiento en el presente ministerio de Jesús. "Entonces verán al Hijo del hombre que vendrá en una nube con poder y gran gloria" (Lucas 21.27). Como Hijo del hombre tenía autoridad para perdonar pecados con un estilo de vida que recibía a todos los que eran diferentes a él y en su sufrimiento por rescatar a los pecadores dijo: "Las zorras tienen guaridas y las aves de los cielos nidos, pero el *Hijo del hombre* no tiene donde recostar la cabeza" (Lucas 9.58.

Énfasis suplido). Sin embargo enfatizó que el proyecto del *Hijo del hombre* era "buscar y salvar lo que se había perdido" (Lucas 19.10).

Hijo de Dios

En el evangelio de Lucas se usa el título Hijo de Dios en varias ocasiones. Solo el evangelista Juan lo supera, mencionando el título Hijo de Dios en diecinueve ocasiones. El evangelista Mateo usa el título de Hijo de Dios en once ocasiones y el evangelista Marcos solo seis.

Como he dicho arriba, cuando el ángel Gabriel le anuncia a María que va a concebir un hijo en su vientre "y darás a luz un hijo, y llamarás su nombre Jesús" (Lucas 1.31). La pregunta de María al ángel Gabriel es: "¿Cómo será esto?, pues no conozco varón (Lucas 1.34b). Entonces, el ángel Gabriel le responde: "El Espíritu Santo vendrá sobre ti y el poder del Altísimo te cubrirá con su sombra; por lo cual también el Santo Ser que va a nacer será llamado *Hijo de Dios*" (Lucas 1.35b. Énfasis suplido). Ya desde el relato del nacimiento de Jesús se le anuncia que su hijo Jesús será llamado Hijo de Dios.

Hay otros ejemplos donde el evangelista Lucas usa el título Hijo de Dios. El título es usado por Satanás en dos ocasiones. En la primera tentación que Lucas relata: "Entonces el diablo le dijo: Si eres *Hijo de Dios*, di a esta piedra que se convierta en pan"(Lucas 4.3. Énfasis suplido) y en la tercera tentación del relato del evangelista Lucas: "Entonces lo llevó a Jerusalén, lo puso sobre el pináculo del Templo y le dijo: Si eres *Hijo de Dios*, tírate de aquí abajo"(Lucas 4.9. Énfasis suplido).

Otra experiencia donde Lucas usa el título de *Hijo de Dios* es en sus relatos donde los demonios se dirigían a Jesús como *Hijo de Dios*: "También salían demonios de muchos, dando voces y diciendo: ¡Tú eres el *Hijo de Dios*! Pero él los reprendía y no los dejaba hablar, porque sabían que él era el Cristo". (Lucas 4.41. Énfasis suplido). En la historia del endemoniado gadareno, el evangelista Lucas nos dice: "Al ver a Jesús, lanzó un gran grito, y postrándose a sus pies exclamó a gran voz: ¿Qué tienes conmigo, Jesús, *Hijo del Dios* Altísimo? Te ruego que no me atormentes" (Lucas 8.28. Énfasis suplido).

Finalmente, cuando en el relato de Lucas Jesús fue llevado ante el concilio: "Dijeron todos: Luego, ¿eres tú el *Hijo de Dios*? Y él les dijo: Vosotros decís que lo soy (22.70. Énfasis suplido). Esta respuesta de Jesús a los miembros del sanedrín parece afirmar la relación central entre Jesús y el Padre que Lucas intentó mantener a lo largo del relato de su evangelio, desde su nacimiento, ministerio, muerte, resurrección, ascensión y entronamiento a la diestra del Padre. Jesús es el *Cristo* el *Hijo de Dios*.

Darrell L. Block en su obra: *A Theology of Luke and Acts: God's Promised Program, Realized for All Nations* (Una teología de Lucas y Hechos: La promesa del programa de Dios para todas las naciones), dice que el uso del título *Hijo de Dios* es un aperitivo de la cristología de *arriba* que expresa inequívocamente el elevado sentido de la autoridad de Jesús.[78] La realidad es que Lucas enfatiza desde el

---

[78] Darrell L. Block, *A Theology of Luke and Acts: God's Promised Program, Realized for All Nations*, Andreas J.

comienzo de su evangelio que el nacimiento de Jesús de una virgen, por virtud de la acción del Espíritu Santo, colocó en una relación especial a Jesús con el Dios Padre. Es decir, para el evangelista Lucas el hecho de que el nacimiento de Jesús fuera fruto de la obra del Espíritu Santo establece su relación de *Hijo de Dios* desde su nacimiento y no por adopción durante su unción por el Espíritu en la experiencia, cuando salía del Jordán luego de su bautismo.

Señor

Como he observado en mi análisis de otros evangelios sinópticos, el título *señor* se puede usar en ocasiones como señal de respeto. Darrell L. Block[79] sostiene que el evangelista Lucas, por lo menos, tiene dos ejemplos donde el título de Señor tiene connotaciones cristológicas. La primera cita es: "que os ha nacido hoy, en la ciudad de David, un Salvador, que es Cristo el *Señor*" (Lucas 2.11. Énfasis suplido). La segunda cita es la que describe la escena donde las mujeres fueron al sepulcro par ungir el cuerpo de Jesús el primer día de la semana y el evangelista Lucas sentencia en su relato: "y, entrando, no hallaron el cuerpo del *Señor* Jesús" (Lucas 24.3. Énfasis suplido).

Este énfasis cristológico del título *Señor* le sirve al evangelista Lucas para enfatizar la perfecta divinidad de Jesús, además de su humanidad. Posiblemente el evangelista Lucas, a diferencia de los

Kostenberger ed., (Grand Rapids, Michigan: Zondervan Academic), 2012.
[79] Block, *A Theology of Luke and Acts*....

otros tres evangelios sinópticos, fundamenta su relato más en las luchas humanas de sus actores de su evangelio en sus faenas por alcanzar el plan de salvación provisto por Dios en Jesús. Estas personas (las mujeres, los pobres, los publicanos, los pecadores los *ninguneados*) despreciadas por los poderosos de la sociedad, necesitaban un Salvador que se identificara con ellos como su Redentor. Es decir, el evangelista Lucas presenta en su evangelio un *Señor* que entiende el sufrimiento de los abandonados de la sociedad y le ofrece salvación de su sufrimiento en el presente mundo.

Profeta

Como he dicho en párrafos anteriores, Jesús como Salvador es más que un *Profeta*. Los profetas eran enviados de Dios y ungidos por Dios para su misión de anunciar la salvación de Dios para su pueblo. En el caso de Jesús el evangelista Lucas tiene claro que Jesús no solo anuncia la salvación de Dios; Jesús es portador de esa salvación. En su evangelio Lucas dice en una profecía de Zacarías: "y nos levantó un poderoso   *Salvador* en la casa de David, su siervo" (Lucas 1.69. Énfasis suplido). A los pastores se les dijo: "que os ha nacido hoy, en la ciudad de David, un *Salvador*, que es Cristo el Señor" (Lucas 2.11. Énfasis suplido). Esta afirmación está muy clara en la segunda obra canónica de Lucas: "Y en ningún otro hay *salvación*, porque no hay otro nombre bajo el cielo, dado a los hombres, en que podamos ser *salvos*" (Hechos 4.12. Énfasis suplido). Otra vez, en la narración de Lucas de la proclamación de Pablo en la sinagoga en

Antioquía de Pisidia, Pablo dice: "De la descendencia de éste [David], y conforme a la promesa, Dios levantó a Jesús por *Salvador* a Israel" (Hechos 13.23. Énfasis suplido).

Otros énfasis en la cristología de Lucas

La Cristología de Lucas destaca tanto su humanidad como su deidad. Con relación a su humanidad el evangelista Lucas incluye en sus relatos, historias sobre la genealogía de Jesús en Lucas, el lugar central de Jerusalén en el evangelio de Lucas, los pobres, los publicanos, las mujeres y pecadores.

La genealogía de Jesús en Lucas

En la genealogía del evangelio de Lucas, a diferencia de la genealogía que aparece en el evangelio de Mateo se presenta a Jesús como descendiente de Adán que, de alguna manera, proyecta el significado de la redención, no solo para Israel, sino para todas las naciones. Es posible que la genealogía del evangelista Mateo, deteniéndose en los antepasados de Jesús en Abraham (Mateo 1.2), solo quería enfatizar a Jesús como el Mesías de Israel. Aunque, debo decir, que la promesa para Abraham al salir de Harán fue: "y serán benditas en ti todas las familias de la tierra (Génesis 12.3). Posteriormente, cuando está listo para ofrecer en sacrificio el hijo de la promesa, Dios le repite la promesa: "En tu simiente serán benditas todas las naciones de la tierra, por cuanto obedeciste a mi voz" (Génesis 22.18).

Sin embargo, la genealogía de Lucas es una clara afirmación de que Jesús no solo es el Salvador de los judíos, sino, también, es el Salvador de los gentiles. El poder de la redención de Jesús abarca, por igual, a judíos y todas las naciones.

El lugar central de Jerusalén en el evangelio de Lucas

Afirmo con Larry Hurtado[80] que detalla que la ciudad de Jerusalén y su templo son una manera de reafirmar la figura de Jesús con relación a Israel y el Antiguo Testamento. Lucas, de alguna manera, conecta, constantemente, a Jesús con la ciudad de Jerusalén. Algunos episodios conectan la santa ciudad con Jesús: (1) El relato inicial del evangelio de Lucas comienza en Jerusalén con el servicio del sacerdote Zacarías en el templo de Jerusalén. La narración dice lo siguiente:

> Aconteció que ejerciendo Zacarías el sacerdocio delante de Dios, según el orden de su clase, le tocó en suerte entrar, conforme a la costumbre del sacerdocio, en el santuario del Señor para ofrecer el incienso. Toda la multitud del pueblo estaba fuera orando a la hora del incienso. Entonces se le apareció un ángel del Señor puesto de pie a la derecha del altar del incienso. Al verlo, Zacarías se turbó y lo sobrecogió temor (Lucas 1.8-12).

(2) En esta santa ciudad, con una ceremonia espectacular, asistida por el sacerdote Simeón y la profetisa Ana, se presenta al recién nacido Jesús, cuando "se cumplieron los días de la purificación de ellos conforme a la Ley de Moisés, lo trajeron a

---

[80] Hurtado, *Lord, Jesus Christ…*, 342-343.

Jerusalén para presentarlo al Señor" (Lucas 2.22-23). (3) En esta ciudad santa, también encontraron a Jesús sus padres, luego de perdérseles por un día:

> Cuando tuvo doce años, subieron a Jerusalén conforme a la costumbre de la Fiesta. Al regresar ellos, acabada la Fiesta, se quedó el niño Jesús en Jerusalén, sin que lo supieran José y su madre. Pensando que estaba entre la compañía, anduvieron durante un día, y lo buscaban entre los parientes y los conocidos; pero como no lo hallaron, volvieron a Jerusalén buscándolo. Aconteció que tres días después lo hallaron en el Templo, sentado en medio de los doctores de la Ley, oyéndolos y preguntándoles. Y todos los que lo oían se maravillaban de su inteligencia y de sus respuestas (2.42-47).

(4) Otro evento que el evangelista Lucas narra con lujos de detalles es el viaje de Jesús a Jerusalén que inicia con la siguiente afirmación: "Cuando se cumplió el tiempo en que él había de ser recibido arriba, afirmó su rostro para ir a Jerusalén" (Lucas 9.51). Es decir, inició su jornada final con una clara determinación que nada le impediría el proyecto de salvación confeccionado por Dios para su pueblo. Si impresionante es la descripción del inicio del mismo, más impresionante es la manera como concluye este viaje. Las palabras de Jesús al concluir este viaje son muy emotivas.

> Cuando llegó cerca de la ciudad, al verla, lloró por ella, diciendo: ¡Si también tú conocieras, a lo menos en este tu día, lo que es para tu paz! Pero ahora está encubierto a tus ojos. Vendrán días sobre ti cuando tus

enemigos te rodearán con cerca, te sitiarán y por todas partes te estrecharán; te derribarán a tierra y a tus hijos dentro de ti, y no dejarán en ti piedra sobre piedra, por cuanto no conociste el tiempo de tu visitación (19.41-44).

Con Jesús tenemos que aprender a llorar por la ciudad donde Dios no ha ubicado para hacer su misión. Tenemos que con magnanimidad y amor describirle su presente y su futuro con relación a su obediencia o desobediencia. Siempre con un grado de compasión que demuestre nuestro cariño y deseo que la ciudad que Dios nos ha entregado sea salva.

(5) Finalmente, debo decir que el evangelista Lucas declara que Jesús les recomienda a sus discípulos que se mantuvieran en Jerusalén hasta que fueran empoderados por el Espíritu Santo y , entonces, salieran de Jerusalén con el evangelio de salvación. Algo así como la salvación va a todas las naciones desde Jerusalén. El relato de Lucas dice: "[S]e predicará en su nombre el arrepentimiento y el perdón de pecados en todas las naciones, comenzando desde Jerusalén. Vosotros sois testigos de estas cosas. Ciertamente, yo enviaré la promesa de mi Padre sobre vosotros; pero quedaos vosotros en la ciudad de Jerusalén hasta que seáis investidos de poder desde lo alto" (Lucas 24.47-49). En el libro de los Hechos, Lucas dice lo mismo de la siguiente manera: "[P]ero recibiréis poder cuando haya venido sobre vosotros el Espíritu Santo, y me seréis testigos en Jerusalén, en toda Judea, en Samaria y hasta lo último de la tierra" (Hechos 1.8).

Lucas

Los pobres

El evangelista Lucas dice sobre los pobres lo siguiente: (1) Alzando los ojos hacia sus discípulos, decía: *«Bienaventurados vosotros los pobres*, porque vuestro es el reino de Dios (Lucas 6.20. Énfasis añadido). (2) El Espíritu del Señor está sobre mí, por cuanto me ha ungido para *dar buenas nuevas a los pobres* (Lucas 4.18). (3) Respondiendo Jesús, les dijo: Id, haced saber a Juan lo que habéis visto y oído: los ciegos ven, los cojos andan, los leprosos son limpiados, los sordos oyen, los muertos son resucitados y a *los pobres* es anunciado el evangelio; (Lucas 7.22. Énfasis añadido). Y (4) "Ve pronto por las plazas y las calles de la ciudad, y trae acá a *los pobres*, a los mancos, a los cojos y a los ciegos." (Lucas 14.21. Énfasis añadido).

Los publicanos

Lucas señala que se "acercaban a Jesús todos *los publicanos* y pecadores para oírlo" (Lucas 15.1.). Sobre los publicanos, los pecadores y Jesús, el evangelista Lucas dice:

> Después de estas cosas salió y vio a un *publicano* llamado Leví, sentado al banco de los tributos públicos, y le dijo: Sígueme. Él, dejándolo todo, se levantó y lo siguió. Leví le hizo un gran banquete en su casa; y había mucha compañía de publicanos y de otros que estaban a la mesa con ellos. Los escribas y los fariseos murmuraban contra los discípulos, diciendo: ¿Por qué coméis y bebéis con *publicanos* y pecadores? (Lucas 5. 27-30. Énfasis

añadido). (2) De igual modo, el relato del evangelista Lucas del encuentro de Jesús con Zaqueo enfatiza la cercanías de Jesús con los *publicanos* y los pecadores. Relata Lucas:

Habiendo entrado Jesús en Jericó, iba pasando por la ciudad. Y sucedió que un hombre llamado Zaqueo, que era jefe de *los publicanos*, y rico, procuraba ver quién era Jesús, pero no podía a causa de la multitud, pues era pequeño de estatura. Y, corriendo delante, se subió a un sicómoro para verlo, porque había de pasar por allí. Cuando Jesús llegó a aquel lugar, mirando hacia arriba lo vio, y le dijo: Zaqueo, date prisa, desciende, porque hoy es necesario que me hospede en tu casa (Lucas 19.1-5. Énfasis añadido).

Las mujeres

También las mujeres se acercaban a Jesús y el evangelista Lucas no esconde la cercanía de Jesús hacía las mujeres para atender sus necesidades. Los siguientes ejemplos detallan su cercanía: (1) La historia de la viuda de Naín es un excelente ejemplo:

Aconteció después, que él iba a la ciudad que se llama Naín, e iban con él muchos de sus discípulos y una gran multitud. Cuando llegó cerca de la puerta de la ciudad, llevaban a enterrar a un difunto, hijo único de su madre, que era viuda; y había con ella mucha gente de la ciudad. Cuando el Señor la vio, se compadeció de ella y le dijo: No llores. Acercándose, tocó el féretro; y los que lo llevaban se detuvieron. Y dijo: Joven, a ti te digo, levántate. Entonces se incorporó el que había muerto y comenzó a hablar. Y lo dio a su madre. Todos tuvieron miedo, y glorificaban a Dios diciendo: «Un gran profeta se ha levantado entre nosotros», y «Dios ha visitado a su pueblo.» Y se extendió la fama de él por toda Judea y por toda la región de alrededor (Lucas 7.11-17). Otro ejemplo de Jesús en su ministerio de atender las necesidades de las mujeres es (2) la historia de la mujer que lo ungió durante el banquete en la casa de Simón el fariseo. La historia es la siguiente:

Uno de los fariseos rogó a Jesús que comiera con él. Y habiendo entrado en casa del fariseo, se sentó a la mesa. Entonces una mujer de la ciudad, que era pecadora, al saber que Jesús estaba a la mesa en casa del fariseo, trajo un frasco de alabastro con perfume; y estando detrás de él a sus pies, llorando, comenzó a regar con lágrimas sus pies, y los secaba con sus cabellos; y besaba sus pies y los ungía con el perfume. Cuando vio esto el fariseo que lo había convidado, dijo para sí: «Si este fuera profeta, conocería quién y qué clase de mujer es la que lo toca, porque es pecadora.» Entonces, respondiendo Jesús, le dijo: Simón, una cosa tengo que decirte. Y él le dijo: Di, Maestro. Un acreedor tenía dos deudores: uno le debía quinientos denarios y el otro, cincuenta. No teniendo ellos con qué pagar, perdonó a ambos. Di, pues, ¿cuál de ellos lo amará más? Respondiendo Simón, dijo: Pienso que aquel a quien perdonó más. Él le dijo: Rectamente has juzgado. Entonces, mirando a la mujer, dijo a Simón: ¿Ves esta mujer? Entré en tu casa y no me diste agua para mis pies; pero ella ha regado mis pies con lágrimas y los ha secado con sus cabellos. No me diste beso; pero ella, desde que entré, no ha cesado de besar mis pies. No ungiste mi cabeza con aceite; pero ella ha ungido con perfume mis pies. Por lo cual te digo que sus muchos pecados le son perdonados, porque amó mucho; pero aquel a quien se le perdona poco, poco ama (Lucas 7.36-50).

Sin lugar a duda, el trato de Jesús a las mujeres fue especial. Las trató como hechas a la imagen de Dios y como su Salvador. No hizo diferencias entre ellas y los hombres. Por eso las mujeres fueron excelentes discípulas de Jesús. No lo traicionaron, no lo negaron, no lo abandonaron y creyeron en su resurrección.

Los pecadores

No hay duda alguna que la cristología del evangelista Lucas destaca, contundentemente, que en su humanidad, Jesús se identificó con los desprovistos de la sociedad. Aquellos y aquellas que no tenían voz y eran *ninguneados* e invisibilizados por los poderosos de la sociedad (los religiosos, los políticos, los militares y los ricos). Evidentemente, Jesús se convirtió en su voz y defensor. Es decir, el Jesús, ser humano y divino, sirvió a los pobres y oprimidos para darles esperanza por medio de la buena noticia del reino de Dios inaugurado en su persona. El evangelista Lucas lo dice de una manera extraordinaria en el capítulo 4 de su evangelio:

> Vino a Nazaret, donde se había criado; y el sábado entró en la sinagoga, conforme a su costumbre, y se levantó a leer. Se le dio el libro del profeta Isaías y, habiendo abierto el libro, halló el lugar donde está escrito: El Espíritu del Señor está sobre mí, por cuanto me ha ungido para dar buenas nuevas a los pobres; me ha enviado a sanar a los quebrantados de corazón, a pregonar libertad a los cautivos y vista a los ciegos, a poner en libertad a los oprimidos y a predicar el año agradable del Señor... Hoy se ha cumplido esta Escritura delante de vosotros (Lucas 4.16-19,20b)

Conclusión

En este capítulo he intentado demostrarles la presentación que el evangelista Lucas hace de Jesús en su evangelio. Les hablé de las diferencias y coincidencias del evangelio de Lucas con los otros evangelios y lo importantes que ambas son para entender el mensaje de los otros evangelios y el de Lucas. Luego examiné lo títulos cristológicos de Jesús y su importancia para su humanidad, deidad y su condición como portador de la salvación para el mundo.

Proseguí, señalando otras implicaciones de la cristología de Lucas, tales como la genealogía de Jesús en Lucas, el lugar central de Jerusalén en el evangelio de Lucas, su cuidado por los publicanos, las mujeres, los pobres y los pecadores. En el servicio a este grupo de personas oprimidas y *ninguneadas*, Lucas presenta la compasión de Jesús por la gente de carne y hueso que sufre irremediablemente, pero no los deja sin esperanza los invita a ser parte del reino de Dios.

Definitivamente, Jesús les ofrece a estas personas pisoteadas por los poderosos de la sociedad, un mañana mejor. Es decir, el evangelista Lucas es claro en afirmar que Jesús es el Salvador, no solo de los que se creen justos, sino, también, de los oprimidos y maltratados. La salvación la necesitan todas la personas. Los pobres, los despreciados, los publicanos, los gentiles, los samaritanos, las mujeres y las viudas. Así es que Lucas presenta la salvación como un regalo de Dios para todos y todas. Un día este maravilloso Salvador regresará a juzgar a todo el pueblo. Mientras él regresa podemos apropiarnos de los beneficios de la salvación aún hoy. Ofrece sanidad, liberación, gozo y dones del Espíritu en el "aquí y ahora" y la promesa de la plenitud de Dios, cuando Cristo "es todo en todos" (Colosenses 3.11).

La Cristología de Lucas destaca tanto la humanidad de Jesús como la deidad. Por un lado, con relación a su humanidad el evangelista Lucas incluye en sus relatos historias sobre los pobres y los oprimidos. Por otro lado, con relación a su deidad ace énfasis en su nacimiento por medio del Espíritu Santo y su unción con el Espíritu en la experiencia de su bautismo en el Jordán.

Preguntas de repaso:

1. ¿Cuáles son algunas semejanzas de los evangelios sinópticos según el erudito del Nuevo testamento Larry W. Hurtado?
2. ¿Cuáles son los títulos cristológicos en el evangelio de Lucas?
3. Describa la importancia del concepto *paz* en el evangelio Lucas.
4. Describa la importancia del concepto *hoy* en el evangelio de Lucas.
5. ¿Cuál es la importancia de la genealogía de Jesús en el evangelio de Lucas?
6. ¿Cuál es la importancia de Jerusalén en el evangelio de Lucas?
7. ¿Cuál es la importancia de publicanos, las mujeres, los pobres y los pecadores en el evangelio de Lucas?

Capítulo 5

UNA CRISTOLOGÍA DEL EVANGELIO DE JUAN

Introducción

El evangelista Juan demuestra una clara intención, desde el inicio de su evangelio, de compartir *una cristología de arriba*. Cuando hablo de *una cristología de arriba* me refiero a una cristología que comienza con la preexistencia de Cristo y procede a su encarnación para efectuar la obra de salvación del ser humano y de toda la creación.

El propósito de este capítulo es examinar la cristología del evangelio de Juan, como el evangelista la presenta. Sé que la visión cristológica de Juan es diferente a la de los sinópticos y otros escritores del Nuevo Testamento, pero quiero dejar claro que Juan nos habla hoy, en el siglo 21, de la misma manera que él le habló a su audiencia a fines del siglo primero. Creo que es importante que escuchemos al evangelista Juan, como también a los otros evangelistas, conocidos como los sinópticos. El evangelista anuncia en el prólogo de su evangelio que Jesús era el Verbo eterno que no solo "estaba con Dios "sino "que era Dios" (1.1). Sin lugar a duda, el evangelista quiere afirmar la relación de intimidad del Verbo con Dios, como fundamental para todo el proceso soteriológico (de salvación). Este Verbo divino que al principio "era Dios" (1.1), por una misión salvadora hacia la humanidad y el mundo tomó forma de hombre. "De tal manera amó Dios al mundo, que ha dado a su Hijo unigénito, para que todo aquel que en él cree no se pierda, sino que tenga vida eterna" (3.16), se hizo carne (1.14). Juan el Bautista reconoció que esta combinación única de lo divino y la carne separaba a Jesús de él y del resto de la humanidad. Juan declaró: "El que viene de *arriba* está por encima de todos; el que es de la tierra es terrenal y habla de cosas terrenales. El que viene del *cielo* está por encima de todos" (Colosenses 3.31). Jesús le dijo a su audiencia de fariseos: "Vosotros sois de abajo, yo soy de *arriba*; vosotros sois de este mundo, yo no soy de este mundo"(8.23. Énfasis añadido). Esta es una clara cristología de *arriba*.

Como examinaremos en la páginas de este capítulo, hay varias declaraciones de individuos en el evangelio de Juan que identifican a Jesús como el Hijo de Dios, sin embargo, Jesús, a lo largo de todo el evangelio de Juan y a diferencia de los evangelios de Mateo, Marcos y Lucas, incluye declaraciones sobre sí mismo donde se identifica como Hijo de Dios. Por esta razón decimos que en el evangelio de Juan se presenta una cristología de *arriba*.

En el inicio del evangelio de Juan y en su último verso se declara la intención del evangelista Juan de definir su proyecto de afirmar que Jesús es el Cristo, el Hijo de Dios. Juan inicia su evangelio con la siguiente declaración: "En el principio era el Verbo, el Verbo estaba con Dios y el Verbo era Dios" (Juan 1.1). Éste estaba en el principio con Dios. Todas las cosas por medio de él fueron hechas, y sin él nada de lo que ha sido hecho fue hecho. En él estaba la vida, la vida era la luz de los hombres. La luz resplandece en las tinieblas, y las tinieblas no la dominaron" (Juan

1.1-5). En el verso 14 dice lo siguiente: "Y el Verbo se hizo carne y habitó entre nosotros lleno de gracia y de verdad; y vimos su gloria, gloria como del unigénito del Padre". Juan está muy claro sobre la deidad de Jesús, pero, de igual manera, también y, a pesar del pensamiento de los *docetistas*, está muy claro de su humanidad. Este es el inexplicable misterio de la encarnación, en palabras de Carlitos Colón[81]: *El misterio del pesebre*, una de sus composiciones inolvidables, que valdría la pena pausar la lectura para escuchar este cántico.[82] Cuando "el Verbo se hizo carne y habitó entre nosotros" (1.14), Dios se hizo hombre y, como diría Roberto Amparo Rivera, "se mudó a nuestro barrio". [83] Finalmente, en el último verso de su evangelio, el evangelista se despide con la siguiente afirmación: "Pero éstas [cosas] se han escrito para que creáis que Jesús es el Cristo, el Hijo de Dios, y para que, creyendo, tengáis vida en su nombre" (Juan 20.31).

Sin lugar a duda, el evangelista Juan, inicia su evangelio con su relato sobre el Jesús, que es el Verbo de Dios encarnado. Además, enfatiza que la creación es fruto de su acción y que tiene como propósito traer vida y luz a la creación. Más adelante, habla del Cristo, el Cordero de Dios, del Hijo de Dios, demostrando que su cristología es preexistencial, de *arriba* y, al mismo tiempo, encarnacional (*de abajo*). En

---

[81] Carlitos Colón es un excelente compositor cristiano por muchos miembros de la Iglesia de Dios *Mission Board* de la Calle Comerío en Bayamón, Puerto Rico.

[82] "El misterio del pesebre" https://www.youtube.com/watch?v=Qq1VCXI_xEE

[83] Roberto Amparo Rivera, *Miren quien se mudó al barrio,* 2007.

otras palabras, Dios se convirtió en el hombre Jesús, el Cristo. Como diría Larry Hurtado "el escritor del evangelio de Juan tiene una audiencia de judíos cristianos monoteístas que creen un Señor Dios",[84] pero, de igual manera, a esa audiencia, el evangelista quiere enfatizarle que Hijo de Dios que era Dios, al principio, se encarnó en Jesús de Nazaret.

Creo y afirmo que el evangelista Juan tiene un claro propósito de asegurarle a sus lectores que Jesús es el Mesías, el Hijo de Dios. Su cristología es lo que se conoce como una cristología del *logos* o de *arriba*. Comienza con la prexistencia del Mesías, Hijo de Dios y continúa con la encarnación. La cristología es el estudios de la persona y obra de Jesucristo. El teólogo pentecostal wesleyano, John Christopher Thomas, dice que esta cristología del *logos* incluye:

> Todo, desde su preexistencia con el Padre hasta su presencia en la Nueva Jerusalén, y todo lo que sucedió entre estas dos referencias (su encarnación, su vida, ministerio, muerte, resurrección ascensión, obra posterior a su ascensión como Espíritu Bautizador, Segunda Venida y el reino del milenio"). Para los pentecostales el corazón de la cristología se ha interpretado, tradicionalmente en términos del Evangelio quíntuple: Jesus es Salvador, Santificador,

---

[84] Larry W. Hurtado, Lord Jesus Christ: Devotion to Jesus in Earliest Christianity (Grand Rapids: Eerdmans, 2003).

Bautizador en el Espíritu Santo, Sanador y Rey que viene.[85]

Juan comienza su evangelio, señalando que *al principio*, antes que "en el principio" (Juan 1.1; 1.2) de la creación, el verbo era Dios. En otras palabras, ya tenía relación con Dios, antes que la cosas fueran creadas. La creación comienza en el verso 1.3 del evangelio de Juan, pero antes de la creación ya el Verbo era Dios y comienza a mantener una relación de comunidad con Dios. La revelación de Dios en la Escrituras es una revelación de comunidad continua. Es una danza coreográfica de amor a la cual somos invitados todos los seres humanos.

De igual manera, Juan se encargó de decirles a sus lectores que esa revelación del Verbo que "estaba con Dios" (1.1) *al principio* y "que se hizo carne y habitó entre nosotros" (1.14) es una revelación salvadora. No tengo duda alguna que los lectores del evangelista Juan, al escuchar que el Verbo *habitó* entre nosotros les recordaba la presencia de Dios en el Antiguo Testamento por medio del tabernáculo en medio del pueblo de Israel. Era una manera de reconocer que la gloria de Dios habitaba en medio del pueblo. Es una presencia de Dios, como dice Chris Thomas, "que de muchas maneras nos recuerda la gloria de Dios manifestada en el tabernáculo del Antiguo Testamento... sin embargo, la gloria del Verbo-encarnado era como la gloria del hijo Unigénito del Padre que revelaba su plena gracia y

---

[85] John Christopher Thomas, "According to John: Christology and the Great Commission", 53. La traducción es de este autor. 53

verdad".[86] La encarnación del Verbo se refiere a la plena naturaleza humana del Verbo. Desde esta perspectiva Juan rechaza, en primer lugar, la doctrina del *adopcionismo*. Una teología que sostiene que Jesús fue el Hijo adoptivo de Dios. Esta doctrina declara que debido a la vida sin pecado de Jesús, Dios lo eligió y lo adoptó como Hijo. El *adopcionismo* sostiene que, antes de su adopción, Jesús era solo un hombre, aunque sin pecado.

La iglesia rechazó el *adopcionismo* desde el segundo siglo. Juan deja claro en su evangelio que el Verbo, el Hijo de Dios, prexistente *al principio* se hizo hombre en Jesús de Nazaret. Así, Juan, de entrada, rechaza, en segundo lugar, la doctrina del *docetismo*. El *docetismo* enseñaba que Jesús no había tenido un cuerpo físico real, ni una verdadera naturaleza humana. Sus enseñanzas afirmaban que Jesús *parecía* tener cuerpo humano, pero que en realidad era un ser fantasmal. Curiosamente, en el relato de Juan sobre Jesús andando sobre el mar, los discípulos no identifican a Jesús como un fantasma. La cristología joánica ha reafirmado, una y otra vez, que Jesús vino verdaderamente en carne. "Y el Verbo se hizo carne y habitó entre nosotros lleno de gracia y de verdad" (Juan 1.14). Es decir, el Verbo produjo una revelación de Dios que ningún otro humano, ni aún Moisés, ni ninguno de los profetas, pudo revelar. Esta fue una revelación plena y única del Unigénito del Padre.

Osweto O. Phanuel ha dicho, casi con visos poéticos:

---

[86] John Christopher Thomas, "According to John: Christology and the Great Commission" …, 54.

El comienzo del evangelio de Juan no es una genealogía (Mateo), no es buena noticia (Marcos), No es un anuncio angelical (Lucas). Juan inicia con un cántico a la gloria del Hijo de Dios (Palabra/Logos), el Unigénito del Padre". El prólogo joánico maravillosamente introduce el evangelio de Juan, remontándose como un águila.[87]

Cuando el evangelista Juan habla de Jesús como Hijo de Dios, tiene claro que está hablando de aquel que al principio "estaba con Dios y era Dios" (Juan 1.1). Como dice, Charles A. Gieschen, "habla no solo la palabra de Dios, sino que comparte su deidad".[88]

La prexistencia del Verbo

En el verso 1. 14 Juan dice, sin ambages, que el Verbo se hizo carne en Jesús. El mensaje claramente declara que el Verbo tomó una naturaleza humana. Jesús es la encarnación real del del Verbo preexistente. Dice Parker que "el énfasis de Juan en la plena deidad y humanidad de Jesucristo, simultáneamente, desautoriza el *docetismo* y más tarde el *arrianismo*".[89]

---

[87] Osweto O. Phanuel, "Analysis of the Gospel of John in light of Christology", MTh, (Charles University in Prague, 2008), 37.

[88] Charles A. Gieschen,"The YHWH Christology of the Gospel John"https://www.ctsfw.net/media/pdfs/GieschenTheYHWHChristologyoftheGospelofJohn.pdf,. Accedido 19 de diciembre 2024.

[89] James Parker, "The Incarnational Christology of John" https://biblicalelearning.org/wp-content/uploads/2022/01/Parker-IncarnationJohn-

El Jesucristo del evangelista Juan es de *arriba*. Está consciente de quien es y no tiene problemas de hablar de su relación especial con su Padre. De igual manera, el evangelista Juan habla de la naturaleza humana de Jesucristo, al hacer clara su encarnación y, de esta manera, Jesús se convierte en la autorrevelación de Dios para los hombres. En Jesús, finalmente, el ser humano puede ver a Dios. Dice el evangelista Juan: "y vimos su gloria, gloria como del unigénito del Padre" (Juan 1.14 b). Esta revelación habla de la intimidad de la relación entre el Verbo y Dios que le permite al ser humano contemplar una revelación perfecta del amor de Dios. El Evangelista Juan afirma, sin titubeos, que el Verbo de Dios es el Hijo de Dios. A lo largo del evangelio, más allá del prólogo, la identificación de Jesús como el Verbo e Hijo de Dios es innegable. En el capítulo 5 tenemos la siguiente afirmación: "Por esto los judíos aún más intentaban matarlo, porque no sólo quebrantaba el sábado, sino que también decía que Dios era su propio Padre, haciéndose igual a Dios" (Juan 5.18).

En un diálogo con los fariseos en el capítulo 8 Jesús dice los siguiente:

> Aunque yo doy testimonio acerca de mí mismo, mi testimonio es válido, porque sé de dónde he venido y a dónde voy; pero vosotros no sabéis de dónde vengo ni a dónde voy. Vosotros juzgáis según la carne; yo no juzgo a nadie. Y si yo juzgo, mi juicio es según la verdad, porque no soy yo solo, sino yo y el

---

CTR.pdf#:~:text=Jesus%27%20work%20of%20salvation%20%28%22believing%20you%20may%20have,the%20Incarnation%20is%20in%20the%20Prologue%20of%20John, 39. Accedido 10 de diciembre de 2024. Énfasis añadido.

Padre que me envió. Y en vuestra Ley está escrito que el testimonio de dos hombres es válido. Yo soy el que doy testimonio de mí mismo. También el Padre que me envió da testimonio de mí (Juan 8.14-18).

En su famosa oración sacerdotal del capítulo 17, Jesús dice; "Ahora pues, Padre, glorifícame tú al lado tuyo, con aquella gloria que tuve contigo antes que el mundo existiera"(Juan 17. 5). No hay duda alguna que la identificación de Jesús como el Verbo encarnado corre por todo el evangelio. Estos versos del evangelio que acabo de incluir son un poderoso testimonio de esta aseveración.

Juan el Batista como testigo

En el evangelio de Juan se presenta a Juan el Bautista como *testigo*. "Hubo un hombre enviado por Dios, el cual se llamaba Juan. Éste vino como *testigo*, para *dar testimonio* de la luz, a fin de que todos creyeran por medio de él. Él no era la luz, sino un *testigo* de la luz (Juan 1.6-8. Énfasis suplido). Chris Thomas dice que "en el evangelio de Juan se presenta a Juan el Bautista más como Juan el testigo que como Juan el Bautista". Es por medio de su testimonio que todos creen el Verbo (1.6-8) porque él testificó de la prioridad del Verbo y su prexistencia".[90] Juan testificó de él diciendo: «Éste es de quien yo decía: "El que viene después de mí es antes de mí, porque era primero que yo" (1.15). Este un testimonio contundente de Juan el

---

[90] John Christopher Thomas, "According to John: Christology and the Great Commission" ..., 56.

Bautista, cuando dice: "es antes de mi" porque apunta claramente hacia la preexistencia Jesucristo.

El *testimonio* de Juan es que él no es el Mesías, ni siquiera puede desatar encorvado las correas de sus sandalias. "Yo bautizo con agua, pero en medio de vosotros está uno a quien vosotros no conocéis. Éste es el que viene después de mí, quien es antes de mí, del cual yo no soy digno de desatar la correa del calzado" (1.26-27).

Los títulos más comunes para Jesús en el evangelio de Juan

En una mirada somera al contenido del evangelio de Juan nos informamos de los títulos cristológicos que el evangelista, los personajes que aparecen en el evangelio y Jesús mismo usaron para describir la persona y la obra de Jesús. Los títulos sobre su identidad divino-humana y sobre su obra apuntan hacia su acción soteriológica (salvadora).

En este capítulo quiero mirar algunos de los títulos que aparecen en el evangelio de Juan, tales como: (1) Hijo de Dios, (2) Cordero de Dios, (3) Hijo del Hombre, (4) el Señor, (5) El Verbo. Y, finalmente, (6) analizo la obra soteriológica (salvadora) de la encarnación, vida, muerte, resurrección, ascensión y dador del Espíritu a la iglesia de Jesús. Espero que en esta mirada les pueda ayudar a conectar la realidad divino-humana de Jesús con su obra salvífica.

Hijo de Dios

Como he dicho arriba, Juan tiene como claro propósito que sus lectores entiendan, sin ambages, que Jesús es el Hijo de Dios. Dice, James Parker en su artículo "The Incarnational Christology of John" (La cristología encarnacional de Juan):

Aunque el título es usado varias veces, la descripción de la relación cualitativa entre el Padre y el Hijo, a lo largo de todo el evangelio, establece el concepto más firmemente que el mero uso del título. Jesús estaba muy consciente de ser el Unigénito Hijo del Padre y encontramos a Jesús, refiriéndose a Dios como su Padre más de cien veces en el evangelio.[91]

En el evangelio de Juan, por un lado, se menciona en varias instancias a Jesús como Hijo de Dios. (1) En Juan 1.18 el evangelista dice: "A Dios nadie lo ha visto jamás; el unigénito Hijo, que está en el seno del Padre, él lo ha dado a conocer"; (2) en Juan 1.34 Juan el Bautista dice: "Y yo lo he visto y testifico que éste es el Hijo de Dios"; (3) en Juan 1.49 "Natanael exclamó: ¡Rabí, tú eres el Hijo de Dios! ¡Tú eres el Rey de Israel! (4) en Juan 6.9 Pedro le dice: "Y nosotros hemos creído y conocido que tú eres el Cristo, el Hijo del Dios viviente"; (5) En Juan 11.27 Marta le dice: "Sí, Señor; yo he creído que tú eres el Cristo, el Hijo de Dios, que has venido al mundo"; y (6) finalmente, en Juan 20.31, el evangelista Juan dice: "Pero éstas se han escrito para que creáis que Jesús es el Cristo, el Hijo de Dios,

---

[91] James Parker, "The Incarnational Christology of John", https://biblicalelearning.org/wp-content/uploads/2022/01/Parker-IncarnationJohn-CTR.pdf#:~:text=Jesus%27%20work%20of%20salvation%20%28%22believing%20you%20may%20have,the%20Incarnation%20is%20in%20the%20Prologue%20of%20John. Accedido 10 de diciembre de 2024

y para que, creyendo, tengáis vida en su nombre".[92] Así, que el evangelista Juan comienza diciendo que Jesús es el Hijo de Dios y concluye diciendo que Jesús es el Hijo de Dios. Como Hijo de Dios es la manifestación visible de la gloria de Dios (1.14) a toda la creación y se convierte en el mejor testimonio de su Padre en la tierra.

Por otro lado, Donald Guthrie, un erudito inglés del Nuevo Testamento, en su reconocida obra de 1981, *New Testament Theology*[93] (Teología del Nuevo Testamento) subraya ocho (8) distintivos de Jesús como Hijo de Dios en el evangelio de Juan. En Primer lugar, (1) el Hijo es enviado por el Padre. Cinco pasajes bíblicos describen esta realidad de que el Hijo *fue enviado* por el Padre: (a) "porque aquel a quien Dios *envió,* las palabras de Dios habla, pues Dios no da el Espíritu por medida" (3:34. Énfasis suplido); (b) "Pero yo tengo un testimonio mayor que el de Juan: las obras que el Padre me dio para que cumpliera, las mismas obras que yo hago, dan testimonio de mí, de que el Padre me *ha enviado*" (5:36. Énfasis suplido); (c) "ni tenéis su palabra morando en vosotros, porque no creéis a quien él envió" (5.38. Énfasis suplido); (d) "Pero yo lo conozco, porque de él procedo, y él me *envió* "(7.29. Énfasis suplido); y (e) "Yo sé que siempre me oyes; pero lo dije por causa de la multitud que está alrededor, para que crean que tú me *has enviado*" (11.42. Énfasis suplido).

---

[92] James Parker, "The Incarnational Christology of John. Accedido 10 de diciembre de 2024

[93] Donald Guthrie, *New Testament Theology*, (England: Inter-Varsity Press, 1981).

En segundo lugar, (2) El amor del Padre por el Hijo. Cuatro pasaje bíblicos describen el amor del Padre por el Hijo: (a) "El Padre *ama* al Hijo y ha entregado todas las cosas en su mano" (3.35. Énfasis suplido); (b) "porque el Padre *ama* al Hijo y le muestra todas las cosas que él hace; y mayores obras que éstas le mostrará, de modo que vosotros os admiréis" (5.20. Énfasis suplido); (c) "Por eso me *ama* el Padre, porque yo pongo mi vida para volverla a tomar" (10.17. Énfasis suplido); y (d) "Padre, aquellos que me has dado, quiero que donde yo esté, también ellos estén conmigo, para que vean mi gloria que me has dado, pues me *has amado* desde antes de la fundación del mundo" (17.24. Énfasis suplido).

En tercer lugar, (3) la dependencia del Hijo en el Padre. Seis pasaje bíblicos sostienen esta aseveración: (a) Respondió entonces Jesús y les dijo: De cierto, de cierto os digo: No puede *el Hijo hacer nada por sí mismo*, sino lo que ve hacer al Padre. Todo lo que el Padre hace, también lo hace el Hijo igualmente (5.19. Énfasis suplido); (b) En aquel día vosotros conoceréis *que yo estoy en mi Padre*, y vosotros en mí y yo en vosotros (14.20. Énfasis suplido); (c) El *Padre y yo uno somos* (10. 30. Énfasis suplido); (d) ya no estoy en el mundo; pero estos están en el mundo, y yo voy a ti. Padre santo, a los que me has dado, guárdalos en tu nombre, *para que sean uno, así como nosotros*(17.11. Énfasis suplido); (e) Creedme que yo soy en el Padre, y el Padre en mí; de otra manera, creedme por las mismas obras (14.11. Énfasis suplido); y (f) En aquel día vosotros conoceréis que yo estoy en mi Padre, y vosotros en mí y yo en vosotros (14.20. Énfasis suplido).

En Cuarto lugar, (4)"El Hijo ora al Padre". Varios pasajes bíblicos detallan esta afirmación: (a) "Entonces quitaron la piedra de donde había sido puesto el muerto. Y Jesús, alzando los ojos a lo alto, dijo: *Padre, gracias te doy por haberme oído*" (Mateo 11.41 Énfasis suplido); (b) "Estas cosas habló Jesús, y *levantando los ojos al cielo, dijo: Padre*, la hora ha llegado: glorifica a tu Hijo, para que también tu Hijo te glorifique a ti" (17.1. Énfasis suplido); (c) "*No ruego que los quites del mundo, sino que los guardes del mal*" (17.15 Énfasis suplido); (d) "Ya no estoy en el mundo; pero estos están en el mundo, y yo voy a ti. Padre santo, *a los que me has dado, guárdalos en tu nombre, para que sean uno, así como nosotros* (17.11 Énfasis suplido); (e) *para que todos sean uno; como tú, Padre, en mí y yo en ti, que también ellos sean uno en nosotros, para que el mundo crea que tú me enviaste*" (17.21 Énfasis suplido); (f) "*Padre, aquellos que me has dado, quiero que donde yo esté, también ellos estén conmigo, para que vean mi gloria que me has dado, pues me has amado desde antes de la fundación del mundo*" (17.24. Énfasis suplido); y (g) "*Padre justo, el mundo no te ha conocido, pero yo te he conocido, y estos han conocido que tú me enviaste*" (17.25. Énfasis suplido).

En quinto lugar, (5) Jesús como Hijo hace el reclamo que él es la exclusiva revelación del Padre. De igual modo, hay pasaje en el evangelio de Juan que describen esa afirmación: (a) "No que alguien haya visto al Padre; *sólo aquel que viene de Dios, ése ha visto al Padre*" (646. Énfasis suplido); (b) "Así como el Padre me conoce y yo conozco al Padre; y pongo mi vida por las ovejas" (10.15. Énfasis suplido); (c) "Ni a mí me conocéis, ni a mi Padre; *si a mí me conocierais, también a mi Padre conoceríais*" (8.19. Énfasis suplido);

y (d) "¿Tanto tiempo hace que estoy con vosotros y no me has conocido, Felipe? *El que me ha visto a mí ha visto al Padre*; ¿cómo, pues, dices tú: 'Muéstranos el Padre'?" (14.9. Énfasis suplido).

En sexto lugar, (6) El Hijo habla las palabras del Padre. En el evangelio de Juan hay varios textos que confirman esta aseveración: (a) "Ya no os llamaré siervos, porque el siervo no sabe lo que hace su señor; pero os he llamado amigos, *porque todas las cosas que oí de mi Padre os las he dado a conocer*" (15.15. Énfasis suplido); (b) "Yo no he hablado por mi propia cuenta; *el Padre, que me envió, él me dio mandamiento de lo que he de decir* y de lo que he de hablar" (12.49. Énfasis suplido); y (c) "El que no me ama no guarda mis palabras; *y la palabra que habéis oído no es mía, sino del Padre que me envió*" (14.24. Énfasis suplido).

En séptimo lugar, (7) El padre ha entregado todas las cosas en las manos del Hijo. Una vez más, el testimonio del Evangelio de Juan es elocuente: (a) "sabiendo Jesús que el Padre *le había dado todas las cosas en las manos,* y que había salido de Dios y a Dios iba" (13.3. Énfasis suplido); (b) "*Todo lo que tiene el Padre es mío*; por eso dije que tomará de lo mío y os lo hará saber" (16.15. Énfasis suplido); y (c) "Y si yo juzgo, mi juicio es según la verdad, *porque no soy yo solo, sino yo y el Padre que me envió*" (8.16. Énfasis suplido).

Finalmente, en octavo lugar, (8) Jesús habló de retornar a su Padre, especialmente en el discurso de despedida. El evangelio de Juan lo detalla de la siguiente manera: (a) "De cierto, de cierto os digo: El que en mí cree, las obras que yo hago, él también las hará; y aún mayores hará, *porque yo voy al Padre*".(14.12. Énfasis suplido); (b) "Habéis oído que

145

yo os he dicho: "Voy, y vuelvo a vosotros." Si me amarais, os habríais regocijado, *porque he dicho que voy al Padre*, porque el Padre mayor es que yo" (14.28. Énfasis suplido); (c) "de justicia, *por cuanto voy al Padre* y no me veréis más" (16.10. Énfasis suplido); (d) "Todavía un poco y no me veréis, y de nuevo un poco y me veréis, *porque yo voy al Padre*" (16.16. Énfasis suplido); y (e) "Salí del Padre y he venido al mundo; otra vez dejo el mundo y *regreso al Padre*" (16.29. Énfasis suplido).

El Cordero de Dios

Los primeros lectores del del evangelio de Juan tienen que haber identificado la referencia de Juan el Bautista a Jesús como "el cordero de Dios" con toda la tradición del cordero de Dios en las Escrituras del Antiguo Testamento. El sentido soteriológico (la muerte expiatoria de Jesús) corre, en el evangelio de Juan, del principio hasta el final del relato del evangelio. El evangelista intenta dejar claro que en Jesús, el Cordero de Dios, que remueve de una vez y por todas el pecado de la humanidad. Juan nos informa:

> Al siguiente día vio Juan a Jesús que venía a él, y dijo: «¡Éste es el Cordero de Dios, que quita el pecado del mundo! Éste es de quien yo dije: "Después de mí viene un hombre que es antes de mí, porque era primero que yo." Y yo no lo conocía; pero por esto vine bautizando con agua: para que él fuera manifestado a Israel.» Además, Juan testificó, diciendo: «Vi al Espíritu que descendía del cielo como paloma, y que

permaneció sobre él. Yo no lo conocía; pero el que me envió a bautizar con agua me dijo: "Sobre quien veas descender el Espíritu y permanecer sobre él, ése es el que bautiza con Espíritu Santo"(1.29-33).

Aunque Juan no incluye el relato del bautismo de Jesús en el Río Jordán, pero sí incluyó la historia del descenso del Espíritu Santo sobre Jesús y dice: "Yo no lo conocía; pero el que me envió a bautizar con agua me dijo: 'Sobre quien veas descender el Espíritu y permanecer sobre él, ése es el que bautiza con Espíritu Santo'". El descenso y permanencia del Espíritu Santo sobre Jesús es de suma importancia para Juan el Bautista, ya que de esta manera, el que lo envió a bautizar le dijo que podía identificar a Jesús como el Hijo escogido por el Padre para salvar al mundo.

A diferencia de Mateo y Lucas que inician sus evangelios con los detalles del nacimiento de Jesús, en el evangelio de Juan se da por sentado los pormenores del nacimiento de Jesús y no narra los detalles de su nacimiento. Juan solo dice: "Y el Verbo se hizo carne y habitó entre nosotros lleno de gracia y de verdad; y vimos su gloria, gloria como del unigénito del Padre" (1.14). El erudito del Nuevo Testamento James D. G. Dunn dice que "este es el único lugar en el Nuevo Testamento que se habla explícitamente de la encarnación, pero el afirma que esto ya estaba en el poema del Logos que se escribió antes que se incluyera en el evangelio de Juan".[94]

---

[94] James D. G. Dunn, *Christology in the Making: An Inquiry into the origins of the Doctrine of the Incarnation*, (London: SCM, Second Edition, 1989), 241.

Claro esta declaración de Dunn está en armonía con su pensamiento, porque él no cree en la prexistencia de Jesucristo. A diferencia del evangelista Marcos, que en su primer capítulo le presta atención al bautismo de Jesús, el evangelista Juan, por su parte, en su primer capítulo no incluye el bautismo de Jesús, sin embargo, dice: "Vi al Espíritu que descendía del cielo como paloma, y que permaneció sobre él". Curiosamente, esta visión en los evangelios de Marcos, Mateo y Lucas forma parte del bautismo de Jesús.

El Hijo del Hombre

En el evangelio de Juan el título que, frecuentemente, Jesús utiliza para referirse a sí mismo es de Hijo de hombre. Eruditos como Benjamin E. Reynolds[95] han concebido este título como capaz de catalogarse en cuatro áreas: (1) Hijo del Hombre para referirse a la humanidad de Jesús, (2) Hijo del Hombre como una figura divina-humana, dándole atención tanto a la humanidad como a la divinidad de Jesús (3) Hijo de Hombre como sinónimo de Hijo de Dios y (4) Hijo de Hombre como una figura celestial y divina. En mi caso, he escogido esta última para identificar el título Hijo de Hombre. Desde esa perspectiva creo que la audiencia a quien se le dirigió el evangelio estaba al tanto del mensaje del profeta Daniel y podía identificar la figura del Hijo del hombre con la del capítulo 7 de Daniel.

---

[95] Reynolds, Benjamin E. The Apocalyptic Son of Man in the Gospel of John, 2008

En el evangelio de Juan se menciona once referencias del título Hijo del Hombre. Las siguientes son las menciones: (1) "De cierto, de cierto os digo: Desde ahora veréis el cielo abierto y a los ángeles de Dios subiendo y bajando sobre el Hijo del hombre"(Juan 1.51). Esta mención se da en el contexto del diálogo de Jesús con Natanael. (2) "Nadie subió al cielo sino el que descendió del cielo, el Hijo del hombre, que está en el Cielo" (Juan 3.9-13). Ésta se da dentro del contexto del diálogo de Jesús con Nicodemo. (3) " como Moisés levantó la serpiente en el desierto, así es necesario que el Hijo del hombre sea levantado" (Juan 3.14). También se da dentro del contexto del diálogo de Jesús con Nicodemo.

(4) "y, además, le dio autoridad de hacer juicio, por cuanto es el Hijo del hombre" (Juan 5.27). Ésta se da dentro del contexto del diálogo de Jesús con los judíos incrédulos. (5) "Trabajad, no por la comida que perece, sino por la comida que permanece para vida eterna, la cual os dará el Hijo del hombre, porque a éste señaló Dios, el Padre" (Juan 6.27). Este diálogo se da con aquellos que le seguían por los panes y los peces. (6) "De cierto, de cierto os digo: Si no coméis la carne del Hijo del hombre y bebéis su sangre, no tenéis vida en vosotros" (6.53). Esta cita es parte de los que intentaron seguirle por los panes y los peces. (7) ¿Pues qué, si vierais al Hijo del hombre subir a donde estaba primero? (Juan 6.62). Esta cita es parte del diálogo de Jesús con sus discípulos cuando le dijeron dura es esta palabra.

(8) "Les dijo, pues, Jesús: Cuando hayáis levantado al Hijo del hombre, entonces conoceréis que yo soy y que nada hago por mí mismo, sino que,

según me enseñó el Padre, así hablo" (Juan 8.28). El mismo contexto que el anterior. (9) "Les dijo, pues, Jesús: Cuando hayáis levantado al Hijo del hombre, entonces conoceréis que yo soy y que nada hago por mí mismo, sino que, según me enseñó el Padre, así hablo" (Juan 8.28). (10) "Le respondió la gente: — Nosotros hemos oído que, según la Ley, el Cristo permanece para siempre. ¿Cómo, pues, dices tú que es necesario que el Hijo del hombre sea levantado? ¿Quién es este Hijo del hombre?" (Juan 12.34) y (11) "Entonces, cuando salió, dijo Jesús: Ahora es glorificado el Hijo del hombre, y Dios es glorificado en él" (Juan 13.31).

El Señor

En el capítulo 20, el evangelista Juan incluye la confesión de Tomás con las siguientes palabras: "Entonces Tomás respondió y le dijo: ¡Señor mío y Dios mío!" (Juan 20.28). Esta es otra confesión cristológica en el evangelio de Juan. En el evangelio de Juan, según Charles Gieschen, la confesión de Tomás es una expresión clara de la convicción del evangelista Juan de que Jesús, el Hijo, es Señor y Dios como el Padre y que en su encarnación y crucifixión deja ver al Dios eterno encarnado.[96]

En el evangelio de Juan varias personas, en circunstancias diferentes, usan el título de *Señor*. La expresión de María Magdalena a los dos ángeles en el

---

[96] Charles A. Gieschen, "The YHWH Christology of the Gospel of John"https://www.ctsfw.net/media/pdfs/GieschenTheYHWHChristologyoftheGospelofJohn.pdf,. Accedido 19 de diciembre 2024.

sepulcro: "Porque se han llevado a *mi Señor* y no sé dónde lo han puesto" (Juan 20.13b. Énfasis suplido.); la expresión de Pedro: "*Señor*, ¿a quién iremos? Tú tienes palabras de vida eterna" (Juan 6.68. Énfasis suplido); El ciego de nacimiento del capítulo 9 de Juan dice: "Creo, *Señor* y lo adoró (Juan 9.38. Énfasis suplido.); Marta frente a Jesús y en el contexto de la muerte de su hermano, Lázaro, confiesa: "*Señor*, si hubieras estado aquí, mi hermano no habría muerto" (Juan 11.21. Énfasis suplido). Finalmente ante la tercera insistencia de Jesús a Pedro sobre si lo amaba, éste confiesa: "*Señor*, tú lo sabes todo; tú sabes que te quiero" (Juan 21.17. Énfasis suplido).

Todas estas expresiones de estas personas, que experimentaron el poder salvífico y sanador de Jesús, tienen una enorme afirmación cristológica. Este es el testimonio del evangelista Juan, cerca del fin del siglo 1ro de que, en Jesús, la audiencia que lo escuchó, vio al *Señor*, a Dios y podían exclamar desde particulares situaciones: "Señor y Dios mío" tú eres mi sustentador.

El Verbo y el mundo

En el prólogo del evangelio de Juan se deja bien claro la relación entre el Verbo y el mundo. La declaración del evangelista es la siguiente: "Todas las cosas por medio de él fueron hechas, y sin él nada de lo que ha sido hecho fue hecho. En él estaba la vida, y la vida era la luz de los hombres. La luz resplandece en las tinieblas, y las tinieblas no la dominaron" (1. 3-5). Lo que el evangelista Juan afirma es el mismo testimonio del capítulo 1 de Génesis, sobre el relato de la creación. Dios lo creó todo por medio de su Palabra (el Verbo). Por consiguiente el Verbo es primero que toda la creación. Como también lo dijo Pablo: "Cristo es la imagen del Dios invisible, el primogénito de toda creación"(Colosenses 1.15). De igual manera, el escritor de la carta a los Hebreos dice:

> Dios, habiendo hablado muchas veces y de muchas maneras en otro tiempo a los padres por los profetas, en estos últimos días nos ha hablado por el Hijo, a quien constituyó heredero de todo y *por quien asimismo hizo el universo*. Él, que es *el resplandor de su gloria*, la *imagen misma de su sustancia* y quien sustenta todas las cosas con la palabra de su poder, habiendo efectuado la purificación de nuestros pecados por medio de sí mismo, se sentó a la diestra de la Majestad en las alturas (Hebreos 1.1-3 Énfasis suplido).

Es decir, que el testimonio de Juan sobre sobre la prexistencia del Verbo antes de toda creación es el mismo de Génesis y de otras Escrituras en el Nuevo Testamento. En palabras de James Parker: "La Palabra es el agente de Dios en la creación del universo".[97] Este pensamiento es corroborado por Pablo y el escritor de la carta a los Hebreos. Sin lugar a duda, el evangelista Juan quiere afirmar, junto al testimonio bíblico, que la naturaleza de la creación es totalmente diferente a la naturaleza humana de Jesucristo. Como dice James Parker, citando H. P. Owen, la naturaleza humana de Jesucristo muestra a

---

[97] James Parker, "The Incarnational Christology of John" …, 38.

Cristo como uno que difiere no solo en grado, sino también en clase del resto de la humanidad.[98]

La soteriología en la cristología de Juan

La cristología de arriba de Juan también enfatiza la fe soteriológica. Juan escribe su evangelio para que: "[C]reáis que Jesús es el Cristo, el Hijo de Dios, y para que, creyendo, *tengáis vida en su nombre*" (20.31. Énfasis suplido). Sin lugar a duda, el énfasis soteriológico (salvífico) de la cristología de Juan está muy clara en el último verso de su evangelio. Juan enfatiza que Jesús vino del cielo como revelación de Dios para ofrecer salvación al mundo. Afirmo que la cristología de Juan, además de ser de *arriba,* es una cristología de la salvación que demanda una respuesta humana a la revelación salvadora de Dios en Cristo por medio del Espíritu Santo. Parodiando a Karl Barth: En Cristo estamos predestinados a salvarnos o perdernos de acuerdo con nuestra respuesta a la revelación de Dios en Cristo por medio del Espíritu Santo. Barth no aceptó la doble predestinación de Calvino. Para Barth, Jesucristo es el Dios que se humilla a sí mismo para efectuar la reconciliación entre Dios y el ser humano.[99] Es importante señalar el componente soteriológico de la cristología Joánica. Charles A. Gieschen en su artículo

---

[98] James Parker, "The Incarnational Christology of John" …, 38. H. P. Owen, *Christian Theism* (Edinburgh: T & T Clark, 1984) 24.

[99] Karl Barth, *Introducción a la teología evangélica* (Sígueme: Salamanca, 2006), 26.

"The YHWH Christology of the Gospel of John" ("La Cristología YHWH del Evangelio de Juan"), señala:

> Otra característica de la forma visible de Dios en el Antiguo Testamento era en el interés en el nombre divino así como la revelación de la función soteriológica del nombre del divino. Uno no tiene que esperar por mucho tiempo en la lectura del evangelio de Juan para percatarse de ambos intereses. Ambos [el énfasis en el nombre divino como su función soteriológica] surgen desde el prólogo: "Mas a todos los que lo recibieron, a quienes creen en su nombre, les dio potestad de ser hechos hijos de Dios" (Juan 1.12).[100]

Es decir, el evangelista Juan quiere afirmarles a sus lectores que la función soteriológica de este hombre de carne y hueso de Nazaret está basada en que él es la encarnación en tiempo y espacio del Hijo de Dios que era Dios y estaba con Dios al principio (Juan 1.1). El mensaje claro del evangelista Juan es que Jesús es el Verbo encarnado en quien los seres humanos vieron la gloria de Dios (Juan 1.14). En otras palabras, Dios mismo es el autor de salvación del ser humano y la historia. Esta obra salvadora es fruto del Dios trino que hace posible la revelación del amor del Padre en su Hijo por medio del Espíritu Santo.

Conclusión

---

[100] Charles A. Gieschen, "The YHWH Christology of the Gospel of John" https://www.ctsfw.net/media/pdfs/GieschenTheYHWHChristologyoftheGospelofJohn.pdf,. Accedido 19 de diciembre 2024.

En el mensaje del evangelio de Juan se describe una cristología de *arriba*; se dice clara y explícitamente que el Verbo divino "es Dios". Al principio el Verbo "era Dios" y "estaba con Dios" Este Dios preexistente se encarnó en Jesús de Nazaret y dice el evangelista, "vimos su gloria, como del unigénito del Padre" (Juan 1.14b).

El evangelista Juan no tiene reparos en repetir que en el Hijo de Dios los seres humanos vieron a Dios. Para comprobar lo que le acabo de decir, voy a citar cuatro ejemplos del evangelio de Juan. El primero es: (a) "A Dios nadie lo ha visto jamás; el unigénito Hijo, que está en el seno del Padre, él lo ha dado a conocer" (Juan 1.18); el segundo: (b) en respuesta a la confesión de Natanael: "¡Rabí, tú eres el Hijo de Dios! ¡Tú eres el Rey de Israel!" (Juan 1.49), Jesús le contestó: "De cierto, de cierto os digo: Desde ahora veréis el cielo abierto y a los ángeles de Dios subiendo y bajando sobre el Hijo del hombre" (Juan 1.51); el tercero: (c) en su larga conversación con los judíos en el capítulo 8, Jesus les habla sobre su preexistencia: "Abraham, vuestro padre, se gozó de que había de ver mi día; y lo vio y se gozó. Entonces le dijeron los judíos: Aún no tienes cincuenta años, ¿y has visto a Abraham? Jesús les dijo: De cierto, de cierto os digo: Antes que Abraham fuera, yo soy" (Juan 8.56-58).

Finalmente, (d) en un diálogo con los judíos incrédulos, Jesús les habló de su preexistencia de la siguiente manera: "Pero a pesar de que había hecho tantas señales delante de ellos, no creían en él, para que se cumpliera la palabra del profeta Isaías, que dijo: «Señor, ¿quién ha creído a nuestro anuncio? ¿Y a quién se ha revelado el brazo del Señor?» Por esto no podían creer, porque también dijo Isaías: «Cegó los ojos de ellos y endureció su corazón, para que no vean con los ojos, ni entiendan con el corazón, ni se conviertan, y yo los sane.» Isaías dijo esto cuando vio su gloria, y habló acerca de él (Juan 12.37-41).

La cristología de *arriba* del evangelista Juan nos entrega el mensaje que Jesucristo es la encarnación humana del Verbo divino que al principio "era Dios y estaba con Dios". En este Jesús de Nazaret vimos la gloria de Dios. En el Antiguo Testamento, por anticipado, la vio (a) Abraham: "Abraham, vuestro padre, se gozó de que había de ver mi día; y lo vio y se gozó" (Juan 8.56); (b) Jacob: "De cierto, de cierto os digo: Desde ahora veréis el cielo abierto y a los ángeles de Dios subiendo y bajando sobre el Hijo del hombre"(Juan 1.51); (c) Moisés: "porque si creyerais a Moisés, me creeríais a mí, porque de mí escribió él" (Juan 5.46); (d) Isaías: "Isaías dijo esto cuando vio su gloria, y habló acerca de él" (Juan 12.41).

En el evangelio de Juan se ve la gloria de Dios en el Jesús encarnado en las siguientes afirmaciones: (a) Juan el Bautista: "¡Éste es el Cordero de Dios, que quita el pecado del mundo!" (Juan 1. 29); (b) Natanael dijo de Jesús: "Rabí, tú eres el Hijo de Dios! ¡Tú eres el Rey de Israel!"(Juan 1.49; (c) Nicodemo: "Rabí, sabemos que has venido de Dios como maestro, porque nadie puede hacer estas señales que tú haces, si no está Dios con él" (Juan 3.2); (d) La mujer samaritana: "Venid, ved a un hombre que me ha dicho todo cuanto he hecho. ¿No será éste el Cristo?" (Juan 4.29); (e) Pedro: "Y nosotros hemos creído y conocido que tú eres el Cristo, el Hijo del Dios viviente" (Juan 6.69); (f) El ciego de nacimiento del capítulo 9: "Oyó Jesús que lo habían expulsado y, hallándolo, le dijo: ¿Crees tú en el Hijo de Dios? Respondió él y dijo: ¿Quién es, Señor, para que crea en él? Le dijo Jesús: Pues lo has visto; el que habla contigo, ése es. Y él dijo: Creo, Señor —y lo adoró" (Juan 9.35-38); (g) Marta: "Sí, Señor; yo he creído que tú eres el Cristo, el Hijo de Dios, que has venido al mundo" (Juan 11. 27); (h) María: "Señor, si hubieras estado aquí, no habría muerto mi hermano" (Juan 11.32b); (i) La multitud en la entrada triunfal: "¡Hosana! ¡Bendito el que viene en el nombre del Señor, el Rey de Israel! «No temas, hija de Sión; tu Rey viene, montado sobre un pollino de asna.»" (Juan 12.13b;15); (j) en el Sepulcro donde enterraron a Jesús, María Magdalena le respondió a la pregunta de dos ángeles : "Mujer, ¿por qué lloras? Porque se han llevado a mi Señor y no sé dónde lo han puesto" (Juan 20.13). Finalmente, (k) Tomás: Luego de dudar, exclamó: "¡Señor mío y Dios mío!" (Juan 20.28b).

En esta cristología de *arriba* del evangelista Juan se destaca, que en Jesús de Nazaret, Dios se nos reveló como el Dios Encarnado. "No que alguien haya visto al Padre; sólo aquel que viene de Dios, ése ha visto al Padre"(Juan 6.46). Disfruten la lectura del evangelio de Juan y permítanle que él les hable hoy, en el siglo 21, como le habló a su audiencia de finales del siglo I. Es de esta manera que la audiencia a la que le predicamos hoy pueda escuchar el mensaje redentor de Jesucristo para que cumplamos con la misión que Cristo nos encargó: "Como tú me enviaste al mundo, así yo los he enviado al mundo Juan 17.18). ¡Qué Dios nos ilumine en nuestro proyecto de lectura del evangelio de Juan!

Preguntas de repaso:

1. ¿Cómo Juan va demostrando la cristología de su evangelio?
2. ¿Qué quiere decir cristología de *arriba*?
3. ¿Cuáles son los títulos mesiánicos de Jesús que se mencionan en este ensayo?
4. ¿Cómo se relaciona la actividad salvadora de Jesús con sus títulos mesiánicos?

Capítulo 6

CRISTOLOGÍA DEL ESPÍRITU Y CRISTOLOGÍA DEL LOGOS

Introducción

En este capítulo quiero dedicarle tiempo a una de las grandes afirmaciones del mensaje de la Biblia. El apóstol Pablo lo dice de la siguiente manera: "Dios estaba en Cristo reconciliando consigo al mundo, no tomándole en cuenta a los hombres sus pecados, y nos encargó a nosotros la palabra de la reconciliación" (2 Corintios 5.19). Es decir, me he puesto como tarea, en este trabajo, analizar el significado de la encarnación, vida, ministerio, muerte, resurrección y ascensión del hijo de Dios y su importancia para la redención del ser humano y del mundo. Esta es una tarea muy amplia para detallarla en este breve capítulo. Sin embargo, en el mismo me propongo darle inicio a un proyecto que más adelante publicaré como: *Una cristología del Nuevo Testamento*

Debo decir que en el texto bíblico hay enfoques variados de cómo los escritores del Nuevo Testamento compartieron sus visiones del proyecto de redención de Dios para el ser humano y el mundo. Mateo, Marcos, Lucas, Juan, Pablo, el escritor de la carta a los Hebreos y Pedro nos compartieron sus visiones. Los concilios de la Iglesia durante los siglos cuarto y quinto desarrollaron sus definiciones. Luego, a lo largo de la historia y pensamiento de la iglesia se desarrollan otros énfasis particulares.

También, el movimiento pentecostal moderno ha desarrollado sus visiones particulares. En su corta historia, cerca de 128 años para la Iglesia de Dios (Cleveland, Tennessee) y la Iglesia de Dios de la Profecía, que identifican el inicio de su experiencia pentecostal en el 1896; 119 años para los que ubican el inicio del pentecostalismo en el avivamiento de Gales, Inglaterra y el de India (1905); y 118 años para los que ubican el inicio en el avivamiento de Azusa (1906).

En este capítulo quiero enfocarme en las visiones pentecostales del significado de la persona y obra de redención de Jesús el Cristo. A lo largo del análisis teológico se han identificado tres variedades de cristologías del Espíritu. Se habla, (1) de una cristología pre-nicena que, también, se conoce como pre-calcedonia, (2) de una cristología nicena[101]

---

[101] El Concilio de Nicea (325) fue el primer concilio ecuménico de la iglesia cristiana, realizado en la antigua ciudad de Nicea, lo que actualmente conocemos con el nombre de Iznik, Turquía. Fue convocado por el emperador Constantino I, que presidió la sesión de apertura. Esperaba que un concilio general de la iglesia resolviera el problema creado en la iglesia oriental por el arrianismo, una herejía propuesta por primera vez por Arrio de Alejandría, que afirmaba que Cristo no era un ser divino, sino que era un ser creado. El objetivo era hacer que los obispos aceptaran como acuerdo que se creía en un solo Dios, Todopoderoso, Creador de todas las cosas visibles e invisibles; en un solo Señor Jesucristo el unigénito del Padre, Dios de Dios, Luz de Luz, Dios Verdadero de Dios Verdadero, engendrado, no creado, de la misma naturaleza del Padre, por quien todo fue hecho, en el cielo y en la tierra; que por nosotros, los hombres, y por nuestra salvación bajó del cielo, se encarnó y se hizo hombre, padeció y resucitó al tercer día, subió a los cielos y volverá para juzgar a vivos y a muertos. Y en el Espíritu Santo, Señor y dador de vida, que procede del Padre y del Hijo, que con el Padre y el

conocida como calcedonia y (3) de una cristología pos-nicena, también conocida como pos-calcedonia nicena conocida como calcedonia[102] Sin lugar a duda, hay otros enfoques que abordaré cuando termine el libro sobre: *Una cristología del Nuevo Testamento* . En este caso, intentaré revisar la visión cristológica que surge de los Concilios de Nicea (325) y Constantinopla (381). La intención de este estudio es relacionar la cristología del Logos de las dos naturalezas y una persona del concilio de Calcedonia con la cristología del Espíritu que comienza a desarrollarse muy temprano en la Iglesia Neotestamentaria y en la Iglesia Primitiva.

Sin embargo, en este trabajo sólo abordaré las cristologías del Espíritu identificadas como

---

Hijo recibe una misma adoración y gloria, y que habló por los profetas.

[102] El Cuarto Concilio Ecuménico se celebró en 451 en Calcedonia, una ciudad en Bitinia, Asia Menor. El propósito principal era confirmar la doctrina ortodoxa de la Iglesia contra la herejía de Eutiquio y los monofisitas. El Concilio de Éfeso de 431 había condenado la herejía de Nestorio sobre las dos personas en Cristo y luego surgió el error opuesto de la herejía de los nestorianos. Puesto que Nestorio separaba tanto lo divino y lo humano en Cristo, enseñaba que en Cristo había una doble personalidad o un ser doble, se volvió obligatorio que los oponentes enfatizaran en la unidad en Cristo presentando al Dios-Hombre, no como dos seres sino como uno. Algunos de estos oponentes, en su esfuerzo por mantener la unidad física en Cristo, sostenían que las dos naturalezas en Cristo, la divina y la humana, estaban tan íntimamente unidas que se convertían físicamente en una, ya que la naturaleza humana era completamente absorbida por la divina. Así resultaba un Cristo no sólo con una personalidad sino también con una naturaleza. Después de la encarnación, decían, no se podía hacer distinción en Cristo entre lo divino y lo humano.

pentecostales o en conversación con las teologías pentecostales. De alguna manera, quiero seguir el principio del teólogo francés y católico Yves Congar: "Ninguna cristología sin neumatología (espiritualidad) y ninguna neumatología sin cristología".[103]

Discusión del tema

Muchos teólogos pentecostales recientes, como Steven J. Land, Frank D. Macchia, John Christopher Thomas, Veli-Matty Kärkkäinen, Kenneth Archer, Melissa Archer, Cheryl Bridges Jones, Amos Yong, Wolfgang Vondey, Lee Roy Martin, Terry Cross, Steven M. Studebaker, Darío López Rodríguez, Bernardo Campos, Samuel Solivan, Eldin Villafañe, Sammy Alfaro, Daniel Castelo, Miguel Álvarez, Daniel Álvarez y Wilmer Estrada Carrasquillo, entre otros, han afirmado la necesidad que tenemos los pentecostales de desarrollar una cristología del Espíritu que parta de la integridad, de la totalidad de una soteriología redentora cristológica y neumática. Es decir, una obra redentora, donde de principio a fin, están involucrados tanto Cristo como el Espíritu.

Uno de los asuntos básicos de las doctrinas del cristianismo es descifrar el significado de Jesús el *Cristo* para Jesús mismo, para sus discípulos, para los primeros cristianos y, posteriormente, para los cristianos de los siguientes siglos hasta llegar a nosotros. De alguna manera, lo que estamos tratando de analizar se refiere a la pregunta: ¿Cómo se

---

[103] Yves Congar, *The Word and the Spirit*, trans. David Smith (San Francisco, CA: Harper & Row, 1986), 1.

conjugan en una persona lo divino y lo humano para el proyecto de salvación del ser humano y del mundo? Preguntado de otra manera: ¿Cómo explico para mi gente, hoy, lo que entendieron los autores del Nuevo Testamento sobre la experiencia de la encarnación? Los relatos de Mateo, Lucas, Juan, Pablo y el escritor de la Epístola a los Hebreos, describen la experiencia de la siguiente manera:

El nacimiento de Jesucristo fue así:

> Estando comprometida María, su madre, con José, antes que vivieran juntos se halló que había concebido del Espíritu Santo. José, su marido, como era justo y no quería infamarla, quiso dejarla secretamente. Pensando él en esto, un ángel del Señor se le apareció en sueños y le dijo: «José, hijo de David, no temas recibir a María tu mujer, porque lo que en ella es engendrado, del Espíritu Santo es. Dará a luz un hijo, y le pondrás por nombre Jesús, porque él salvará a su pueblo de sus pecados.» Todo esto aconteció para que se cumpliera lo que dijo el Señor por medio del profeta: "Una virgen concebirá y dará a luz un hijo y le pondrás por nombre Emanuel" (Mateo 1.18-23).
>
> Al sexto mes, el ángel Gabriel fue enviado por Dios a una ciudad de Galilea llamada Nazaret, a una virgen desposada con un varón que se llamaba José, de la casa de David; y el nombre de la virgen era María. Entrando el ángel a donde ella estaba, dijo: ¡Salve, muy favorecida! El Señor es contigo;

bendita tú entre las mujeres. Pero ella, cuando lo vio, se turbó por sus palabras, y pensaba qué salutación sería ésta. Entonces el ángel le dijo: María, no temas, porque has hallado gracia delante de Dios. Concebirás en tu vientre y darás a luz un hijo, y llamarás su nombre Jesús. Éste será grande, y será llamado Hijo del Altísimo. El Señor Dios le dará el trono de David, su padre; reinará sobre la casa de Jacob para siempre y su Reino no tendrá fin. Entonces María preguntó al ángel: ¿Cómo será esto?, pues no conozco varón. Respondiendo el ángel, le dijo: El Espíritu Santo vendrá sobre ti y el poder del Altísimo te cubrirá con su sombra; por lo cual también el Santo Ser que va a nacer será llamado Hijo de Dios. Y he aquí también tu parienta Elisabet, la que llamaban estéril, ha concebido hijo en su vejez y éste es el sexto mes para ella, pues nada hay imposible para Dios" (Lucas 1.26-37).

Y el Verbo se hizo carne y habitó entre nosotros lleno de gracia y de verdad; y vimos su gloria, gloria como del unigénito del Padre. Juan testificó de él diciendo: «Éste es de quien yo decía: "El que viene después de mí es antes de mí, porque era primero que yo."» De su plenitud recibimos todos, y gracia sobre gracia, porque la Ley fue dada por medio de Moisés, pero la gracia y la verdad vinieron por medio de Jesucristo. A Dios nadie lo ha visto jamás; el unigénito Hijo, que está en el seno del Padre, él lo ha dado a conocer (Juan 1.14-18).

Pero cuando vino el cumplimiento del tiempo, Dios envió a su Hijo, nacido de mujer y nacido bajo la ley, para que redimiese a los que estaban bajo la ley, a fin de que recibiésemos la adopción de hijos (Gálatas 4.4-5).

Dios, habiendo hablado muchas veces y de muchas maneras en otro tiempo a los padres por los profetas, en estos postreros días nos ha hablado por el Hijo, a quien constituyó heredero de todo, y por quien asimismo hizo el universo; el cual, siendo el resplandor de su gloria, y la imagen misma de su sustancia, y quien sustenta todas las cosas con la palabra de su poder, habiendo efectuado la purificación de nuestros pecados por medio de sí mismo, se sentó a la diestra de la Majestad en las alturas, hecho tanto superior a los ángeles, cuanto heredó más excelente nombre que ellos (Hebreos 1.1-4).

La pregunta es: ¿Cómo afirmaron Jesús, los primeros discípulos, la Iglesia neotestamentaria y los primeros cristianos esta confesión de fe? Y, además, ¿qué valor tuvo esta confesión para sus vidas, en medio de su contexto de persecución? Creo que puedo concurrir con James D. G. Dunn cuando dice que en este tipo de estudio se debe señalar que el propósito principal debe ser clarificar el significado del material relevante del tema discutido en el Nuevo Testamento y su valor para los primeros lectores y la primera audiencia.[104] Me parece que en este punto es

---

[104] James D. G. Dunn, *Christology in the Making: An Inquiry into the Origins of the Doctrine of Incarnation*, (London: SCM Press LTD, 1989), 10.

necesario incluir una cita directa de James D. G. Dunn:

> Debemos intentar sobreponernos a la muy difícil tarea de silenciar las voces de los Padres de la Iglesia, los Concilios y el dogmatismo, a lo largo de los siglos, en caso de que hayan deseado ahogar las voces primitivas y si esas voces primitivas dijeran algo diferente o intentaran que sus palabras dijeran algo diferente a su audiencia.... Deberíamos entender que lo que es obvio para el erudito contemporáneo, que puede reunir material de todos lados y por períodos del mundo antiguo, pudo no haber sido tan obvio para el escritor del Nuevo Testamento, cuyas perspectivas estaban limitadas, por las conceptualizaciones disponibles para él, dentro de su particular y limitado contexto histórico.[105]

Con esa herramienta en mi pensamiento, me lanzo a la difícil tarea de analizar las cristologías del Espíritu que se han esbozado junto a la cristología del Logos (Verbo) a lo largo de la historia de la iglesia. No tengo duda alguna que será un camino pedregoso, pero, al mismo tiempo, muy excitante. Bienvenidos y bienvenidas a las dos preguntas claves que Jesús les hizo a sus discípulos: "¿Quién dicen los hombres que soy yo? Y vosotros, ¿quién decís que soy?" (Marcos 8.27, 29). Cada uno de nosotros tiene que responder esa pregunta desde nuestro contexto particular. La respuesta de Pedro, desde su contexto, fue: "Tú eres el Cristo" (Marcos 8.29). ¿Cuál es tu

---

[105] Dunn, *Christology in the Making...*, 13-14.

respuesta? Confío que este trabajo te ayude a encontrar tu respuesta. ¡Este será mi desafío!

Cristologías del Espíritu

Las cristologías del Espíritu intentan ubicar la obra del Espíritu dentro del centro del proceso de redención. Por mucho tiempo, la cristología evangélica separó y subordinó la obra del Espíritu a la obra de redención de Cristo. Sin embargo, los teólogos pentecostales contemporáneos buscan identificar una experiencia de encuentro vivencial con Dios en Cristo por medio del poder del Espíritu Santo que afirme la salvación del ser humano y del mundo desde una perspectiva trinitaria. Es decir, buscamos afirmar un encuentro existencial con Dios que sea cristológico y neumático (espiritual). La intención de colocar la cristología del Espíritu (una cristología desde abajo, porque enfatiza la humanidad de Jesucristo quien es ungido por el Espíritu) al lado de la cristología del Logos (una cristología desde arriba, porque inicia con el Hijo de Dios que se encarnó) es lograr presentar una cristología más entendible para el creyente pentecostal desde su teología y hermenéutica pentecostal. Es decir, ayudar al creyente pentecostal contemporáneo a vivir y a explicar, desde una perspectiva vivencial, las necesidades espirituales y pastorales desde su contexto cultural, social, económico y político donde tiene que enfrentar la vida diariamente de manera real y no meramente desde una óptica intelectual o conceptual.

Un instrumento que podríamos utilizar para analizar y evaluar las teologías del Espíritu es la rúbrica de Marius Nel[106], que sigue el análisis de Myk Habets[107], y enumera seis criterios fundamentales para determinar la ortodoxia de una cristología del Espíritu. Este es un enfoque sumamente interesante y deseo discutirlo brevemente.

El primer criterio que estos dos teólogos enumeran es que toda cristología del Espíritu tiene que ser fiel al testimonio y lenguaje bíblico usado para describir a Jesús. Para Myk Habets, definitivamente, "una cristología del Espíritu tiene que estar enraizada en el testimonio bíblico".[108] Marius Nel dice que esta visión normativa de la Escritura, en enseñanzas y prácticas, el pentecostalismo la comparte con el protestantismo.[109]

El segundo criterio tiene que ver con la justa presentación, en la cristología del Espíritu, de la

---

[106] Marius Nel es profesor de teología y ostenta la cátedra de Ecumenismo: Pentecostalismo y Neopentecostalismo en la Facultad de Teología Reformada de la Universidad del Noroeste. Ha sido pastor de la Misión Apostólica de Sur África. Se especializa en apocaliptismo en el Antiguo y Nuevo Testamento, en la historia del movimiento pentecostal y en el estudio de sus doctrinas.

[107] Myk Habets es profesor de teología en el colegio Laidlaw en Nueva Zelandia. Su investigación teológica gira alrededor de la teología constructiva contemporánea y la teología moral (ética). Además, tiene un interés especial en la pneumatología. Es copastor de una Iglesia Bautista en Nueva Zelandia donde su esposa es la Pastora Rectora.

[108] Myk Habets, "Spirit Christology: Seeing in Stereo", *Journal of Pentecostal Theology*, 2003; 11; 199 DOI: 10.1177/096673690301100204, 200.

[109] Marius Nel, "Spirit Christology: A Pentecostal Contribution to the Trinitarian Discourse", *Scriptura* 119 (2020:1), pp. 1-19 http://scriptura.journals.ac.za http://dx.doi.org/10.7833/119-1-1808, 6.

divinidad y la humanidad de Jesucristo. Tiene que demostrar, fuera de toda duda, que no es *docetista*[110] (que niega la humanidad de Jesucristo), ni *adopcionista*[111] (que niega la divinidad de Jesucristo).[112]

El tercer criterio trata de asegurar que la visión cristológica del Espíritu no disminuya ninguna de las dos naturalezas de Jesucristo. El cuidado que se busca es asegurarse que no se vea el Cristo encarnado como menos divino. La posición de Myk Habets es que una cristología del Espíritu, desde abajo hacia arriba (que comienza con Jesús como persona humana), con su énfasis en que Jesús fue lleno del Espíritu, no nos deje meramente con un hombre inspirado. Habets sostiene que su cristología del Espíritu, de abajo para

---

[110]El docetismo permitía que Jesús pudiera ser de alguna manera divino, pero negaba su plena humanidad. Los docetistas acérrimos enseñaban que Jesús era sólo un fantasma o una ilusión, que parecía ser humano pero que no tenía cuerpo alguno. Otras formas de docetismo enseñaban que Jesús tenía un cuerpo "celestial" de algún tipo, pero no un cuerpo real y natural de carne. El docetismo estaba estrechamente relacionado con el gnosticismo, que consideraba la materia física como inherentemente mala y la sustancia espiritual como inherentemente buena

[111]El adopcionismo es una de las dos formas principales de monarquianismo (la otra es el modalismo que considera a Dios como uno mientras trabaja a través de los diferentes "modos" o "manifestaciones" de Dios Padre, Dios Hijo y Dios Espíritu Santo, sin limitar su modos o manifestaciones). El adopcionismo niega la preexistencia eterna de Cristo, y aunque afirma explícitamente su deidad posterior a los acontecimientos de su vida, muchos trinitarios clásicos afirman que la doctrina la niega implícitamente al negar la unión hipostática constante del Logos eterno con la naturaleza humana de Jesús en una sola persona.

[112] Habets, "Spirit Christology" ..., 201.

arriba, mantiene la divinidad de Jesús como la cristología del Logos, una cristología desde arriba hacia abajo, (una cristología que comienza con la encarnación del Hijo).[113]

En cuarto lugar, el modelo cristológico de unidad de la divinidad y humanidad de Jesús tiene que ser sustentable y coherente con otras doctrinas confesadas por la iglesia. El punto de vista que Habets quiere explicar es el siguiente: "Jesucristo es el centro de la fe cristiana, por lo tanto, la cristología, la manera y forma como interpretamos la identidad de Jesucristo, tiene que ser coherente con las interpretaciones teológicas de las otras doctrinas cristianas".[114]

En quinto lugar, se espera que el modelo de cristología del Espíritu mantenga una relación saludable con los credos ecuménicos universalmente aceptados por la iglesia. Los credos de Nicea-Constantinopla y Calcedonia aceptaron a Jesús como verdaderamente divino y verdaderamente humano y, al mismo tiempo, Jesús es consubstancial (de la misma sustancia con Padre) (Nicea) y verdaderamente humano (Calcedonia).

El sexto y último criterio para distinguir una auténtica cristología del Espíritu, enfatiza la necesidad de que esa cristología responda eficiente y contextualmente a asuntos contemporáneos puntuales. Marius Nel, por un lado, dice que esa cristología "debe ser capaz de empoderar a los cristianos para vivir vidas auténticas de fe porque es

---

[113] Habets, "Spirit Christology" ..., 201.
[114] Habets, "Spirit Christology" ..., 201. Énfasis de este autor.

una cristología pertinente e inteligible".[115] Myk Habets, por otro lado, dice que el punto es que hay que resistir dos tentaciones gemelas que podrían confrontar las cristologías modernas. Por un lado, se podría reducir la plena divinidad de Cristo a algo así como un mero *liberalismo* y, por otro lado, repetir la antigua fórmula sin tomar en cuenta las vastas diferencias del pensamiento del mundo de hoy y caer en un mero *conservadurismo*.[116] Me parece, y concurro con ambos (Marius Nel y Myk Habets) y afirmo que una cristología del Espíritu (desde abajo) debe ser complementaria a la cristología del Logos (desde arriba) y no su reemplazo.

Marius Nel ha dicho, además, que se acepta por teólogos contemporáneos que "la iglesia primitiva exhibió una cristología del Espíritu robusta, reflejada en la teología de la Iglesia Ortodoxa Griega, que tradicionalmente había identificado el Espíritu con el elemento divino en la encarnación".[117] Sobre ese tema, Veli-Matti Kärkkäinen sostiene que la doctrina de la theosis (deificación)[118] de la Iglesia

---

[115] Nel, "Spirit Christology…, 7.

[116] Habets, "Spirit Christology" …, 202.

[117] Nel, "Spirit Christology" …,1-19.

[118] La theosis (deificación) es la llamada del hombre a la búsqueda de la salvación por la unión con Dios, la esperanza de la desaparición del pecado. Se trata de la salvación de la vida profana a través de la participación en la vida de Dios. En la theosis la vida sagrada de Dios, dada en Jesucristo al creyente a través del Espíritu Santo, se expresa, comenzando por las luchas de esta vida, se acrecienta en la experiencia del creyente a través del conocimiento de Dios y más tarde se consuma en la resurrección del creyente, cuando el poder del pecado y la muerte, habiendo sido totalmente derrotados por la vida de Dios, perderán poder sobre el creyente para siempre. Ireneo dice de Jesucristo que, "a causa de su amor superabundante, se

Ortodoxa Griega es una avenida para desarrollar una soteriología neumática. De igual manera, la cristología de los Padres Capadocios[119], también, afirmaba que la soteriología era, fundamentalmente, *deificación*. En palabras de Justo González: "La Palabra se hizo carne, no para, esencialmente, darle un ejemplo a la humanidad o pagarle una deuda a Dios, sino para derrotar las fuerzas del mal que nos aprisionan y al mismo tiempo abrir un camino hacia la *deificación* [unión con Dios].… Ellos describieron la unión de lo divino y humano en Cristo, de manera, que lo humano parecía perderse en lo divino sin destruir el significado soteriológico de la encarnación, según su entendimiento".[120]

Steven M. Studebaker dice que los pentecostales debemos abstenernos de usar los

convirtió en lo que nosotros somos para hacer de nosotros lo que él es". Es decir, el pensamiento detrás de la doctrina de deificación va en la línea de que un día seremos transformados a imagen de Cristo, y debería ser nuestro objetivo llegar a ser lo más parecidos a él como sea posible en esta vida. La enseñanza ortodoxa de la deificación se asemeja de muchas maneras a la doctrina de la entera santificación de Juan Wesley.

[119] Los Padres capadocios fueron tres teólogos venerados tanto por el catolicismo como por la iglesia ortodoxa, además, de las iglesias protestantes históricas, luterana, anglicana y metodista. San Basilio el Grande, San Gregorio Nacianceno y San Gregorio de Nisa, recibieron el título honorífico de "los tres grandes Capadocios", pues gracias a ellos, la iglesia de Capadocia ocupó un lugar importante en el cristianismo antiguo, ya que su vida, espiritualidad y aporte doctrinal en conjunto enriquecieron, extraordinariamente, la teología y vida de la Iglesia.

[120] Justo L. González, *A History of Christian Thought: From the Beginnings to the Council of Chalcedon*, (Nashville: Abingdon Press, 1970), 351-352. La traducción es de este autor. Énfasis de este autor.

paradigmas de la soteriología escolástica protestante para traer nuestros propios paradigmas neumáticos (del Espíritu). Señala, Studebaker, que el modelo de la escolástica protestante subordinaba el Espíritu a Cristo en la teología de los tempranos reformadores. Su tesis es que los primeros reformadores no pudieron separar totalmente su teología de la teología de la Iglesia Medieval, donde había una total subordinación del Espíritu a Cristo.[121] Su propuesta es que la justificación redentora y la soteriología neumática (del Espíritu) son recursos útiles para la explicación de la cristología pentecostal porque tienen el propósito de articular una visión de la salvación que no es sólo salvación más el bautismo con el Espíritu Santo[122] (concepción de los primeros teólogos pentecostales (Pearlman, William Menzies, Stanley Horton), sino una salvación donde Cristo y el Espíritu obran juntos desde el inicio hasta el final del proceso de salvación. A todo este proceso Studebaker le llama *"soteriología redentora* porque nos ayuda a articular lo esencial de las funciones de Cristo y del Espíritu sin asignar preeminencia a Cristo o al Espíritu".[123] Studebaker propone "una *soteriología redentora* que unifica la obra de Cristo y la del Espíritu, como una manera de trascender la problemática soteriológica y neumática [del Espíritu]

---

[121] Steven M. Studebaker, "Pentecostal Soteriology and Pneumatology", *Journal of Pentecostal Theology* 11.2 (2003), 268.

[122] Studebaker, "Pentecostal Soteriology and Pneumatology" ..., 266.

[123] Studebaker, "Pentecostal Soteriology and Pneumatology" ..., 269.

de la teología pentecostal".[124] Afirma, por un lado, que esa "unidad trasciende la implícita subordinación del Espíritu en la teología pentecostal". Por otro lado, destaca que en "la soteriología redentora la obra del Espíritu no se añade como una mera opción soteriológica (salvadora). Todo lo contrario, la obra de Cristo y del Espíritu constituyen el logro y la experiencia de redención".[125]

La cristología de James D.G. Dunn

Una de las cristologías que se ha discutido por muchos eruditos pentecostales, ha sido la cristología del Espíritu de James D. G. Dunn.[126] Este erudito del Nuevo Testamento no era pentecostal, pero mantuvo una creativa relación con los teólogos pentecostales. La cristología de Dunn se distingue por su énfasis en una cristología de dos etapas. Dunn identifica la primera etapa como la experiencia de Jesús de ser empoderado por el Espíritu. Las palabras exactas de Dunn son las siguientes:

> Jesús fue presentado en términos proféticos; los primeros cristianos, también, … entendieron la relación entre el Jesús terrenal y el Espíritu en términos de inspiración y

---

[124] Studebaker, "Pentecostal Soteriology and Pneumatology" ..., 270.

[125] Studebaker, "Pentecostal Soteriology and Pneumatology" ..., 269.

[126] James Douglas Gran Dunn fue un erudito del Nuevo Testamento relacionado con le Iglesia Metodista de Inglaterra con un gran número de obras donde analiza la persona y obra del Espíritu Santo.

empoderamiento.... En los evangelios y en Pablo se presenta a Jesús, consistentemente como uno cuyo ministerio fue empoderado por el Espíritu. Es decir, como uno que, en gran medida, su efectividad se tiene que explicar por la única medida del poder divino que él experimentó en sí mismo y el impacto que otros experimentaron en sus palabras y obras.[127]

Para Dunn el ministerio de Jesús comenzó luego de que el Espíritu descendiera sobre él durante su bautismo en el Jordán y luego de este empoderamiento, Jesús fue dirigido por el Espíritu que había venido sobre él.[128] Una cosa es muy cierta en la cristología de Dunn: Su afirmación declara que el anuncio de su nacimiento y ungimiento por el Espíritu fue seguido de un periodo de prueba en donde Jesús era dirigido por el Espíritu que había venido sobre él. El Evangelio de Mateo, por un lado, anuncia el nacimiento de Jesús de la siguiente forma:

El nacimiento de Jesucristo fue así: Estando comprometida María, su madre, con José, antes que vivieran juntos se halló que había concebido del Espíritu Santo. José, su marido, como era justo y no quería infamarla, quiso dejarla secretamente. Pensando él en esto, un ángel del Señor se le apareció en sueños y le dijo: «José, hijo de David, no temas

---

[127] James D. G Dunn, *Christology in the Making: An Inquiry into the Origins of the Doctrine of the Incarnation* (London: SCM, 1989), 139. Las itálicas son del autor original. La traducción al español de esta y futuras citas de este libro son de este autor.

[128] Dunn, *Christology in the Making...*, 139.

recibir a María tu mujer, porque lo que en ella es engendrado, del Espíritu Santo es (Mateo 1.18-20).

El evangelista Lucas, por otro lado, anuncia el nacimiento de Jesús de la siguiente forma:

María, no temas, porque has hallado gracia delante de Dios. Concebirás en tu vientre y darás a luz un hijo, y llamarás su nombre Jesús. Éste será grande, y será llamado Hijo del Altísimo. El Señor Dios le dará el trono de David, su padre; reinará sobre la casa de Jacob para siempre y su Reino no tendrá fin (Lucas 2.30-33).

Dunn, señala que, seguido al anuncio de su nacimiento, el evangelista Marcos y los otros evangelistas describen su ungimiento con el Espíritu en el Jordán: "Luego, cuando subía del agua, vio abrirse los cielos y al Espíritu como paloma que descendía sobre él" (Marcos 1.10, paralelos en Mateo 3.16, Lucas 3.22 y Juan 1.32). Dunn detalla, además, que seguido al anuncio de su nacimiento y su ungimiento por el Espíritu, los evangelios sinópticos describen el empoderamiento de Jesús por el Espíritu, no sólo en su ministerio, sino también de toda su vida. "Es decir, no sólo su ministerio, sino toda su vida fue una manifestación del poder de Dios…. Para los evangelistas Jesús fue, no sólo un profeta; él era el Mesías, el Ungido del Señor y el que cumplía a cabalidad el papel del Siervo de Yahweh".[129] Por consiguiente, Dunn afirma que desde los sinópticos se puede decir que "Jesús se presenta

---

[129] Dunn, *Christology in the Making…*, 140.

consistentemente como un hombre del Espíritu durante su vida y ministerio.[130]

Sobre esta primera etapa en la cristología de Dunn, Sammy Alfaro[131] dice: "de acuerdo con Dunn, Jesús de Nazaret fue un hombre inspirado por el Espíritu como ningún otro y esto fue lo que lo capacitó para tener éxito donde el primer Adam fracasó".[132] Además, Dunn dice que, "este poder que Jesús de Nazaret experimentó fue único y escatológico durante su vida".[133] Más adelante Sammy afirma que Dunn dice: "De esta forma es que Jesús vive una vida 'de acuerdo con el Espíritu' y su vida se convierte más que un patrón para ser seguido, en el verdadero Salvador de la humanidad caída".[134]

La segunda etapa en la cristología de Dunn se identifica como el momento cuando Cristo se convierte en el dispensador del Espíritu. Para Dunn esto es posible por medio de la resurrección. "[A]quel que durante los días de su carne fue un hombre

---

[130] Dunn, *Christology in the Making...*, 140. Itálicas del autor original.

[131] El doctor Sammy Alfaro es Obispo Ordenado de la Iglesia de Dios (Cleveland, Tennessee), pastor, junto a su esposa, de la Iglesia de Dios Nuevo Día en Phoenix, Arizona y profesor de Estudios Cristianos de Grand Canyon University. Fungió como presidente de la Sociedad de Estudios Pentecostales del 2023 al 2024. Su obra Divino *compañero del Camino: Toward a Hispanic Pentecostal Christology* es un recurso fundamental en el estudio de la cristología pentecostal.

[132] Sammy Alfaro, *Divino Compañero: Toward a Hispanic Pentecostal Christology* (Eugene, Ore.: Pickwick Publications, 2010),73. La traducción al español de esta y futuras citas de este libro son de este autor.

[133] Dunn, *Jesus, and The Spirit...*, 148. Itálicas del autor original.

[134] Alfaro, *Divino Compañero...*, 73-74.

inspirado por el Espíritu, después de su resurrección se convirtió en el dispensador del Espíritu". Dicho de otra manera, aquel que de una forma única fue empoderado por el Espíritu, se convirtió, por medio de su resurrección, en el dador del Espíritu a otros. Consecuentemente, por su resurrección, él comenzó a compartir la prerrogativa de Dios, como el dador del Espíritu.[135] Esto se convierte una realidad innegable el Día de Pentecostés y luego en la realidad histórica de la iglesia.

Sin embargo, en una aguda evaluación sobre la cristología de Dunn, Sammy Alfaro dice que Dunn equipara al Espíritu con el Jesús resucitado. Es decir, con el Cristo. Para Dunn la relación dinámica entre el Espíritu y Jesús se puede expresar de la siguiente forma. "Así como el Espíritu era la 'divinidad' de Jesús, de igual manera, Jesús se convirtió en la personalidad del Espíritu.[136] En otras palabras, Dunn afirma: "[B]astante claro, que si deseamos hablar apropiadamente de la 'divinidad' del Jesús histórico, sólo podemos hablar en términos de su experiencia con Dios: Su 'divinidad' significa su experiencia con el Padre como hijo y el Espíritu de Dios estaba en él".[137] Para Sammy Alfaro y para este autor esta concepción de Jesucristo es inaceptable porque surge

---

[135] Dunn, *Christology in the Making...*, 142.

[136] James D. G. Dunn, *Jesus, and The Spirit: A Study of the Religious and Charismatic Experienc3 of Jesus and the First Christians as reflected in the New Testament* (Grand Rapid, Michigan: William Eerdmans Publishing Company, 1997), 325. Itálicas del autor original. La traducción al español de esta y futuras citas de este libro son del autor.

[137] Dunn, *Jesus, and The Spirit...*, 92. Itálicas del autor original.

de una cristología del Espíritu no encarnacional que identifica la presencia de Dios como Espíritu antes, durante y después de la historia de Jesús como hombre. La afirmación clara de Dunn es, según su criterio, que para los escritores neotestamentarios "el Espíritu es el Espíritu de Dios. Es decir, es el poder efectivo de Dios mismo".[138] La preocupación de Sammy y la de este autor es que no haya una confusión entre Jesús y el Espíritu porque, a nuestro juicio, Dunn equipara el Espíritu con el Jesús resucitado, el Cristo.[139] Dunn, que no defiende la preexistencia de Cristo, señala que "la encarnación de la divinidad de Jesús es una función del Espíritu". Es decir, una expresión de la autorrevelación de Dios. Porque Dunn no afirma la preexistencia de Cristo. "Hablar de Cristo, como preexistente y que descendió del cielo tiene que ser una metáfora… al igual, que cuando se habla del Padre como persona, esa misma forma metafórica que se usa para hablar de Cristo como persona. Es decir, lo que Dunn quiere comunicar es que Jesús es la persona en la que el Espíritu de Dios se encarnó".[140] Por consiguiente, lo que realmente Dunn dice es que ahora el Hijo se experimenta como el Espíritu y el Espíritu se experimenta como la presencia de Dios en el mundo. Desde mi punto de vista, esta es una visión modalista de la Trinidad. Por ser pentecostal trinitario entiendo la relación interna de las personas en la Trinidad

---

[138] Dunn, *Jesus, and The Spirit…*, 148. Itálicas del autor original.

[139] Alfaro, *Divino Compañero…*, 75.

[140] Dunn, *Christ, and the Spirit…*, 47. Itálicas del autor original.

como una relación comunitaria y enraizada en una danza de amor.

Para Dunn la primera y segunda etapa de su cristología están marcadas por tres fases. La primera fase, describe que la vida humana de Cristo es una creación del Espíritu: "El Espíritu Santo vendrá sobre ti y el poder del Altísimo te cubrirá con su sombra; por lo cual también el Santo Ser que va a nacer será llamado Hijo de Dios" (Lucas 1.35). La segunda fase, relata que él fue ungido por el Espíritu y se convirtió de manera única en el hombre empoderado por el Espíritu: "Y descendió el Espíritu Santo sobre él en forma corporal, como paloma; y vino una voz del cielo que decía: «Tú eres mi Hijo amado; en ti tengo complacencia»" (Lucas 3.22). La tercera fase, puntualiza su exaltación a la diestra del Padre, donde se le dio la autoridad para derramar en Espíritu sobre otros: "Así que, exaltado por la diestra de Dios y habiendo recibido del Padre la promesa del Espíritu Santo, ha derramado esto que vosotros veis y oís" (Hechos 2.33).[141]

Como he dicho arriba, Dunn, solo tiene dos etapas en su cristología. La primera es el anuncio del nacimiento de Jesús por el poder del Espíritu y, la segunda, Cristo como dador del Espíritu. La otra etapa que, a mi juicio, sería la primera: la preexistencia de Cristo, Dunn no la incorpora a su cristología. Dunn articula su cristología de la siguiente manera:

> Jesús le ha dado personalidad al Espíritu, su personalidad. El Espíritu impersonal, como el Logos impersonal, ahora

---

[141] Dunn, *Christology in the Making...*, 142.

se identifica con Jesús y lleva su personalidad. En otras palabras, así como el Espíritu es la divinidad de Jesús, Jesús es la personalidad del Espíritu.[142]

Tengo que decir, sin reparos, a esta altura de la discusión que yo soy de los que creen en la preexistencia de Cristo y en la encarnación del Verbo. En este respecto tengo reparos con la cristología de Dunn, porque para mí es fundamental la preexistencia y la encarnación del Verbo. Concurro con Marius Nel y afirmo, por un lado, que cuando el Espíritu se convierte en la divinidad que ha tomado la forma de Jesús, de alguna manera, se implica una forma de modalismo trinitario. Por otro lado, cuando el Cristo resucitado y el Espíritu se confunden funcionalmente uno con el otro, se niega la realidad de la unión de la divinidad y la humanidad en la encarnación de Jesucristo.[143] Esta cristología del Espíritu de Dunn no cumple con los seis criterios que Marius Nel y Myk Habets identificaron como fundamentales para afirmar la ortodoxia de una cristología del Espíritu, discutidos en párrafos anteriores.

Sin embargo, habiendo establecido esa diferencia infranqueable con Dunn, concurro con él en su énfasis en la experiencia del creyente con el

---

[142] James D. G. Dunn, *The Christ, and the Spirit* (Grand Rapids, Michigan: William B. Eerdmans Publishing House, 1998), 52. Ésta y todas las traducciones de citas al español, de esta obra, de aquí adelante son de este autor.

[143] Marius Nel, "Spirit Christology: A Pentecostal Contribution to the Trinitarian Discourse", *Scriptura* 119 (2020:1), pp. 1-19 http://scriptura.journals.ac.za http://dx.doi.org/10.7833/119-1-1808, 9.

Espíritu. Dice Dunn, sobre este tema, en particular, que "esta dimensión del cristianismo es, fundamentalmente, vivencial, emocional, no-racional y no se puede reducir a formulaciones racionales o teorías conceptuales".[144] A renglón seguido, afirma, además, que es "desafortunado el hecho de que las corrientes más entusiastas del cristianismo, las que focalizan su atención en la dimensiones arriba descritas, siempre han sido vistas con suspicacia por los grupos evangélicos más tradicionales y respetables".[145] Pero, Dunn hace la salvedad de que, "desde los años tempranos de la década de los cincuenta, más y más líderes eclesiásticos, de las denominaciones históricas, llegaron a reconocer la nueva cosecha del cristianismo entusiasta, el pentecostalismo, como una expresión válida del cristianismo y un elemento importante de la totalidad del espectro del cristianismo. Por consiguiente, reconocieron, también, la influencia creciente de las ideas y prácticas pentecostales y varias denominaciones históricas dieron aprobación, dentro de sus propias comuniones de fe, al entusiasmo y prácticas pentecostales (especialmente los presbiterianos).[146]

La cristología del Espíritu de Clark H. Pinnock

La cristología de Clark H. Pinnock, en su libro: Flame of Love: A Theology of the Holy Spirit (La flama de amor: Una teología del Espíritu), dice claramente que

---

144 Dunn, *The Christ, and the Spirit...* ,53.
145 Dunn, *The Christ, and the Spirit...* ,53.
146 Dunn, *The Christ, and the Spirit...* ,53.

"la unción del Espíritu es central para el entendimiento de la persona y obra de Jesús"... Las narraciones de los evangelios presentan al Espíritu trabajando activamente en cada fase de la vida y misión de Jesús".[147] A renglón seguido, Pinnock dice: "Jesús fue un hombre del Espíritu. Pedro dice sobre él: "Dios ungió con el Espíritu Santo y con poder a Jesús de Nazaret, y cómo éste anduvo haciendo bienes y sanando a todos los oprimidos por el diablo, porque Dios estaba con él" (Hechos 10.38).[148]

La cristología del Espíritu de Pinnock refleja su convicción de que la relación del ser humano con Dios está por encima de los modelos legales de relación con Dios. Es decir, Dios no quiere penalizarte por tu conducta. Sin embargo, la cristología del Espíritu de Pinnock desea enfatizar la disponibilidad de Dios para acabar con el distanciamiento y la esclavitud del ser humano para que entre a la vida abundante de Dios, provista en Cristo por medio del Espíritu Santo. Pinnock destaca que los evangelios revelan a Jesús como un don del Espíritu y que, de esta manera, le permiten establecer una nueva relación de vida con el ser humano para hacer posible su salvación y redención.

Es importante señalar que Pinnock en su teología del Espíritu, advierte que es un error rechazar la resurrección como un evento salvador. De hecho, dice que el Nuevo Testamento hace el mensaje de la resurrección central en su relato sobre Jesús y lo

---

[147] Clark H. Pinnock, *Flame of Love: A Theology of the Holy Spirit* (Downers Grove, Illinois: InterVarsity Press,1996), 79. Énfasis añadido. La traducción es este autor y todas las demás citas de esta obra.

[148] Pinnock, *Flame of Love…*,79.

une a la experiencia de la cruz de Cristo. Para Pinnock es mejor hablar del evento crucifixión-resurrección. Algunos teólogos piensan que la obra de Cristo fue terminada en la cruz, pero, Pinnock afirma que realmente, no fue así. Pablo dice: "[Y] si Cristo no resucitó, vuestra fe es vana: aún estáis en vuestros pecados" (1 Corintios 15.17). Todo esto apunta a que, según Pinnock, en los modelos jurídicos (legales) de la expiación, la resurrección no tiene significado alguno para la salvación. No se ve como un evento salvífico, sino como un evento vindicador de los reclamos que Jesús hizo antes de su muerte, en cuyo caso, no podemos hablar de haber sido salvos por su vida. La obra de Cristo no fue, primariamente, una transacción legal, sino un evento de poder. Pinnock, que cree en la teoría de la expiación de la recapitulación de Ireneo y pensaba con Ireneo que Dios le daría por medio de Cristo en el poder del Espíritu un nuevo comienzo a la raza humana.

Cuando hablamos del evento de la resurrección, hablamos de una experiencia que sucede en el cuerpo de Jesucristo. En la resurrección, Jesús fue transformado a la vida de la edad por venir por el poder del Espíritu Santo. Esa misma transformación a vida nueva es la esperanza de los que creen en Jesucristo. Pablo lo expresa de esta forma: "Si por la transgresión de uno solo reinó la muerte, mucho más reinarán en vida por uno solo, Jesucristo, los que reciben la abundancia de la gracia y del don de la justicia" (Romanos 5.17).

Pinnock establece en su cristología del Espíritu que la obra de Jesús se puede entender dentro de la historia del Espíritu Santo. Es decir, entender el ministerio de Jesús en armonía con la obra del

Espíritu Santo no niega, sino que enriquece la cristología al exaltar a Cristo como el representante ungido de la nueva humanidad. Señala Pinnock que el Espíritu fue el responsable de la concepción de Jesús en el vientre de María, la unión del logos (del hijo) con la carne y la participación de Cristo en la conclusión en su plena jornada de la redención del ser humano y del mundo. Su tesis es que la encarnación depende de la obra del Espíritu y se manifiesta como un empoderamiento del Espíritu al representante (Cristo) de la humanidad para cumplir el propósito de la creación y sanidad de la humanidad por medio de la recapitulación de la jornada del ser humano.[149]

En su esfuerzo por reconciliar la Cristología del Espíritu con la Cristología del Logos, Pinnock señala: "Mientras la Cristología del Logos destaca cuán diferentes somos de Jesús, la cristología del Espíritu subraya cómo podemos ser como él. El Padre nos envía, como envió a Jesús, lleno del Espíritu Santo. El poder que obró en Jesús es el poder que está presente en nosotros".[150] Pinnock concluye su cristología del Espíritu, que esboza en el capítulo tres de su obra, con las siguientes palabras: "La vida ha aparecido en medio de la muerte y el Espíritu sigue obrando y moviendo a la creación que gime hacia la resurrección".[151]

---

[149] Pinnock, *Flame of Love*…,109-110.

[150] Pinnock, *Flame of Love*…,111.

[151] Pinnock, *Flame of Love*…,111.

Espíritu y Logos

La cristología del Espíritu de Frank D. Macchia

Conviene, pues, echarle un vistazo a la cristología del teólogo de las Asambleas de Dios, Frank D. Macchia. En este caso, estaré mencionando sus libros: *Bautizado en el Espíritu: Una teología pentecostal global, Tongues of Fire: A Systematic Theology of the Christian Faith, and Introduction to Theology: Foundations for Spirit-Filled Christianity.* En su cristología del Espíritu, esbozada en su teología pentecostal, Frank D. Macchia, afirma que la doctrina del bautismo con el Espíritu Santo "es la joya de la corona de los distintivos pentecostales".[152] Su intención es mirar, a través de la experiencia del bautismo con el Espíritu Santo, la visión neumatológica de las Escrituras. Lo que Macchia quiere enfatizar es que el evento de Pentecostés funciona como parte del acto redentor de Dios y lo correlaciona con la identidad y misión redentora de Cristo. De hecho, Macchia defiende la búsqueda pentecostal por la renovación neumatológica (espiritual) de la iglesia y el entendimiento de la experiencia del bautismo con el Espíritu Santo como una realidad vivencial y empoderadora en la vida de los creyentes y de la iglesia.

Macchia hace un esfuerzo valioso para correlacionar la cristología del Logos con la cristología del Espíritu. Con relación a este tema, Macchia dice: "La cristología del Logos (desde arriba) es verdaderamente bíblica". Cristo dice, inequívocamente: "Salí del Padre, y he venido al

---

[152] Frank D. Macchia, *Bautizado en el Espíritu: Una teología pentecostal global,* (Miami, Florida: Editorial Vida, 2008), 23.

mundo; otra vez dejo el mundo, y voy al Padre" (Juan 16.28).[153] Sin embargo, la cristología del Espíritu para Macchia debe suplementar y no suplantar la cristología del Logos. Sobre este tema Myk Habets ha dicho que la cristología del Espíritu afirma que el Espíritu media tanto en la experiencia de encarnación como la misión de Cristo.[154] Es decir, el Espíritu fue el instrumento en la encarnación del Logos: "El Espíritu Santo vendrá sobre ti y el poder del Altísimo te cubrirá con su sombra; por lo cual también el Santo Ser que va a nacer será llamado Hijo de Dios. Y he aquí también tu parienta Elisabet, la que llamaban estéril, ha concebido hijo en su vejez y éste es el sexto mes para ella, pues nada hay imposible para Dios" (Lucas 1:35-37). De igual manera, el Espíritu fue instrumental en la capacitación de la iglesia para su obra misionera. Los textos de Hechos dicen: "No salgáis de Jerusalén, sino esperad la promesa del Padre, la cual oísteis de mí, porque Juan ciertamente bautizó con agua, pero vosotros seréis bautizados con el Espíritu Santo dentro de no muchos días" (Hechos 1.4-5). "[P]ero recibiréis poder cuando haya venido sobre vosotros el Espíritu Santo, y me seréis testigos en Jerusalén, en toda Judea, en Samaria y hasta lo último de la tierra" (Hechos 1.8). Frank Macchia,

---

[153]Frank D. Macchia, Introduction to Theology: Foundation for Spirit-filled Christianity, (Grand Rapids, Michigan: Baker Academic, 2023), 66. La traducción al español de esta cita y las que siguen de esta obra es de ese autor.

[154] Myk Habets, The anointed Son: A Trinitarian Spirit Christology, (Eugene, OR: Pickwick, 2010), 50-51. La traducción al español de esta cita y las que siguen de esta obra es de ese autor.

citando a Leopoldo A. Sánchez[155] dice: "La cristología del Espíritu fortalece la cristología del Logos, añadiendo los elementos de dinamismo y la auto entrega comunal. La auto entrega comunal de Cristo se encuentra en la santificación de otros por medio de sí mismo en el éxtasis arrollador del Espíritu".[156] Añade Macchia, cuando Cristo comparte su Espíritu como el Hijo obediente nos convertimos en hijos e hijas adoptados en Dios por medio de Cristo.[157] Macchia insiste que su cristología del Espíritu conecta cuatro grandes experiencias en la vida de Jesús (1) la encarnación (su nacimiento por obra del Espíritu), (2) la recepción de Cristo del Espíritu (el bautismo en el Jordán) (3) la expiación (la cruz) y (4) la experiencia de la entrega del Espíritu a los suyos (el Espíritu bautizador) el Día de Pentecostés.[158] En mi caso, añadiría dos obras más: (5) Fue resucitado por el Espíritu: "Y si el Espíritu de aquel que levantó de los muertos a Jesús está en vosotros, el que levantó de los muertos a Cristo Jesús vivificará también vuestros cuerpos mortales por su Espíritu que está en vosotros" (Romanos 8.11) y (6)

---

[155] Leopoldo A. Sánchez es un teólogo luterano, nacido en Chile y criado en Panamá. Es profesor de teología sistemática en el Seminario Concordia de San Luis, Missouri, donde sirve como catedrático de la Cátedra Werner R. H. y Elizabeth R. Krause de Estudios Hispanos y Director del Centro de Estudios Hispanos. Las principales áreas de investigación que le interesan al Dr. Sánchez son la teología del Espíritu Santo, la santificación y temas que conciernen en particular a las comunidades hispanas/latinas, como la inmigración y la intersección entre teología y cultura.

[156] Macchia, *Introduction to Theology*…,70.

[157] Macchia, *Introduction to Theology*…,70.

[158] Macchia, *Introduction to Theology*…,71.

fue entronado a la diestra del padre por el Espíritu: "No os toca a vosotros saber los tiempos o las ocasiones que el Padre puso en su sola potestad; pero recibiréis poder cuando haya venido sobre vosotros el Espíritu Santo, y me seréis testigos en Jerusalén, en toda Judea, en Samaria y hasta lo último de la tierra"(Hechos 1.7-8). Es decir, la cristología del Espíritu de Macchia afirma, por un lado, la congruencia de su cristología con la deidad de Cristo y declara que la Palabra que se encarnó es completamente divina. "Porque en él habita corporalmente toda la plenitud de la divinidad" (Colosenses 2.9). Por otro lado, Macchia dice, citando a Gregorio Nacianceno, la encarnación demuestra que Cristo asumió una verdadera naturaleza humana en su totalidad. "Lo que no se ha asumido, no se puede sanar". En otras palabras, sólo aquello que ha asumido el Hijo de Dios en la encarnación se puede sanar. Así que, si Cristo no asumió la plena condición humana, con todas sus capacidades, en la encarnación, nos puede redimir y sanar todas las dimensiones de la existencia humana.[159] Dicho de otra manera, él redimió aquello que asumió en la encarnación. Por consiguiente, Macchia señala que "Cristo se encarnó sin disminuir ni cambiar su deidad y humanidad. Las dos naturalezas permanecieron distintas, pero inseparables (unidas en una persona). Las naturalezas nunca se confundieron (mezclaron) ni se separaron".[160]

Pero Macchia no se quedó solo en la encarnación del Dios hombre, para establecer su

---

[159] Macchia, *Introduction to Theology…*,76.
[160] Macchia, *Introduction to Theology…*,79.

cristología del Espíritu. Se movió a analizar la vida y ministerio de Cristo. Para él, saltar de la encarnación a la muerte de Cristo, sin incluir su vida era perder el valor total del significado de la persona y obra de Jesucristo para el creyente y la iglesia. La vida y ministerio de Jesús están enraizados en su experiencia de bautismo en el Espíritu en el Jordán. Por consiguiente, ve la salida de Cristo de las aguas como un símbolo de su salida de la tumba empoderado por el Espíritu al momento de su resurrección. Macchia señala, siguiendo a Ephrem el sirio, que el bautismo de Jesús en el Río Jordán sirve como precursor de su muerte y resurrección como eventos redentores que liberan el Espíritu sobre toda carne el Día de Pentecostés.

Así que el momento clave que lanza a Jesús a su ministerio es el descenso del Espíritu sobre él en el Jordán. El relato de Lucas lo dice de la siguiente manera: "Aconteció que cuando todo el pueblo se bautizaba, también Jesús fue bautizado y, mientras oraba, el cielo se abrió y descendió el Espíritu Santo sobre él en forma corporal, como paloma; y vino una voz del cielo que decía: Tú eres mi Hijo amado; en ti tengo complacencia" (Lucas 3.21-22).

Para conectar su cristología del Espíritu con la cristología del Logos, Macchia advierte que el descenso del Espíritu sobre Jesús en su bautismo no fue el primer encuentro de Jesús con el Espíritu. Cristo fue concebido por el Espíritu Santo en el vientre de la virgen María. El texto del evangelista Lucas dice lo siguiente: "Respondiendo el ángel, le dijo: El Espíritu Santo vendrá sobre ti y el poder del Altísimo te cubrirá con su sombra; por lo cual también el Santo Ser que va a nacer será llamado Hijo de Dios" (Lucas 1.35). Esta experiencia de la encarnación marca, para Macchia, la unión definitiva del Hijo con la carne y señala que Cristo es ya santificado desde su nacimiento para morar y establecer una vida de unión inseparable con la humanidad. Por otro lado, destaca que en el bautismo en el Espíritu en el Jordán la divinidad de Cristo es confirmada aún más en su tiempo en la carne: Tú eres mi Hijo amado; en ti tengo complacencia" exclama el Padre. De este modo Jesús es instalado públicamente como el Mesías ungido para su misión. [161]

Me parece que la cristología del Espíritu debe mantener una correspondencia con la Cristología del Logos para que nos ayude a expresar, como dice Macchia, que "la experiencia de la redención por medio de la expiación de Jesús no solo incluye la cruz, sino también la resurrección... La cruz de Jesús significa que no podríamos apreciar la esperanza hasta que, primero, hayamos descendido hasta el hoyo de la desesperación y del terror y, entonces, sí podríamos comprender que aun allí, no estamos solos porque Cristo está con nosotros".[162] Pero, de igual manera, para Macchia, no nos podemos quedarnos en la cruz y la resurrección, tenemos que continuar hasta Pentecostés. Sus palabras literales son: "Cristo sobreabunda en Pentecostés. El Cristo de Pentecostés es el clímax penúltimo de la misión cristológica e identidad del Mesías... Él es, no solo quien gana nuestra victoria sobre el pecado y la

---

[161] Macchia, *Introduction to Theology*...,80-81.
[162] Macchia, *Introduction to Theology*...,94.

muerte, sino, también, quien se entrega así mismo por su obra para mediar esta victoria a toda carne".[163]

Cristología liberadora

Cuando hablamos de una cristología liberadora, hablamos de la practicabilidad del proyecto de liberación del evangelio de Jesús el Cristo en tiempo, espacio, cultura y contexto geográfico. Realmente no estamos hablando de una reflexión abstracta de lo que debía hacer el evangelio, sino de la experiencia liberadora de las personas oprimidas política, social, económica, cultural y espiritualmente con el encuentro del evangelio liberador de Jesús el Cristo. Esta ha sido la teología de los latinoamericanos, del tercer mundo, de los negros en Estado Unidos y de las mujeres alrededor del mundo.

Macchia, citando al teólogo católico de la teología de la liberación, Juan Luis Segundo[164] dice: "La rectitud o justicia del reino de Dios que Cristo anuncia e inaugura es más que una experiencia individual; es, también, una nueva creación, un nuevo orden social una nueva humanidad que sigue la vía de la cruz, la ruta del amor de auto entrega".[165]

---

[163] Macchia, *Introduction to Theology*...,94.

[164]Juan Luis Segundo, Teólogo católico uruguayo de la teología de la liberación (1925-1996). Una figura preponderante en la teología de la liberación. Fue filósofo y teólogo jesuita. Abierto crítico de lo que él percibió como insensibilidad de la Iglesia hacia la opresión y el sufrimiento de los seres humanos. En su obra pretende mostrar al hombre moderno y la libertad radical que se encuentra en Jesús.

[165] Macchia, *Introduction to Theology*...,94, citando a Juan Luis Segundo, *The historical Jesus of the Synoptics* (Maryknoll, NY: Orbis Books,1985), 3-5.

Es decir, Jesús creó una nueva humanidad que vivirá la ruta de la cruz, de la auto entrega del amor, una nueva comunidad creada por medio de ese amor, que vive en una ardiente esperanza su última victoria sobre el pecado y la muerte. Esta comunidad se tornará a proclamar el año agradable del Señor para aquellos que sufren la marginación más intolerable de los sistemas sociales. El evangelista Lucas lo dice de la siguiente manera:

> El Espíritu del Señor está sobre mí, por cuanto me ha ungido para dar buenas nuevas a los pobres; me ha enviado a sanar a los quebrantados de corazón, a pregonar libertad a los cautivos y vista a los ciegos, a poner en libertad a los oprimidos y a predicar el año agradable del Señor (Lucas 4.18-19).

Samuel Solivan identifica esta nueva comunidad como, los pobres y olvidados de Harlem del Este y del Sur del Bronx, que pasan del ortopathos (sufrimiento) a una experiencia de conversión y transformación. Estas experiencias se presenciaron en el ministerio de las iglesias hispanas locales de estas comunidades de la ciudad de Nueva York en las décadas de los cuarenta, los cincuenta y los sesenta. Estas comunidades en desolación y desesperanza sirvieron como la prueba encarnacional del ortopathos (sufrimiento). Los principales protagonistas de este proceso transformador de vida fueron los pobres, los marginados (adictos y adictas a drogas y alcohólicos y alcohólicas), hombres y mujeres que formaban el más amplio segmento de las iglesias hispanas en esas décadas en la ciudad de

Nueva York.[166] Para esta comunidad de olvidados y marginados la proclamación del año agradable del Señor fue una cristología liberadora. En este momento es necesario citar directamente las palabras de Samuel Solivan:

> Estas personas desposeídas continúan en la primera fila de la misión de la iglesia pentecostal hispana. Es en las vidas de estas personas que se experimenta la obra liberadora del Espíritu Santo en una forma poderosa.

> De hecho, es en el testimonio de estas transformaciones que, una y otra vez, el creyente pentecostal regresa a afirmar el testimonio de las Escrituras mientras éstas nos demuestran el poder del Espíritu Santo para cambiar vidas. No es un reclamo a priori lo que le atribuye autoridad a las Escrituras, que ha informado la creencia pentecostal en la autoridad bíblica. Realmente, para los pentecostales son los testimonios vivos de vidas transformadas los que señalan en la dirección de la autoridad de las Escrituras.[167]

Sobre esta realidad teológica latinoamericana, Darío López Rodríguez dice:

> De lo que se trata, entonces, es de articular una agenda de misión integral que pueda contribuir

---

[166] Samuel Solivan, *The Spirit, Pathos, and Liberation: Toward a Hispanic Pentecostal Theology* (Mansion House, King Road, Sheffield, England: Sheffield Academic Press, 1998), 103. La traducción al español es de este autor. Énfasis suplido.

[167] Solivan, *The Spirit, Pathos, and Liberation*…,104. La traducción al español es de este autor. Énfasis suplido.

significativamente para que el pentecostalismo sea un vehículo colectivo de transformación social que, sin negar su identidad religiosa específica, coadyuve a cambiar radicalmente las relaciones humanas de exclusión y rostro político de nuestros países…. Dentro de ese marco temporal concreto, la espiritualidad pentecostal no puede desligarse de un firme compromiso con la defensa de la dignidad humana, ya que amar la vida y defenderla constituye una forma de vivir en el Espíritu.[168]

Más adelante Darío, hablando sobre la cristología pentecostal dice:

Precisamente esa es la cristología integral que caracteriza a las comunidades pentecostales, la cual les otorga ese *aroma inconfundible* que atrae a millones de crucificados del mundo, quienes encuentran en las iglesias pentecostales comunidades afectivas y efectivas que convierten a las víctimas del sistema en misioneros y los desesperanzados del mundo en visionarios.[169]

Sammy Alfaro dice que el resultado de elaborar la teología de esta forma es que logra

---

[168]Darío López Rodríguez, *La fiesta del Espíritu: Espiritualidad y celebración pentecostal* (Perú: Ediciones Puma, 2006), 20. Énfasis suplido.

[169] López Rodríguez, *La fiesta del Espíritu…*, 21. Énfasis suplido.

desarrollar una teología con una *praxis teológica*, no una teología con una *reflexión abstracta* y conceptual que nada tiene que ver con el contexto geográfico del y de la creyente.[170]

El locus (centro) de la teología latinoamericana ha sido "la clave hermenéutica de la opción por los pobres". Sin embargo, debo afirmar que ésta siempre ha sido la opción de la iglesia desde sus comienzos. Fue la opción de la iglesia neotestamentaria, de la iglesia perseguida y de la iglesia del tercer mundo. Esta fue la experiencia de mi familia pobre que residía en el sector el Peñón del Barrio Jaguas de Gurabo, Puerto Rico, sin mañana y encontró en el evangelio de la iglesia pentecostal, la respuesta efectiva para un mañana incierto. Siempre la iglesia ha sido la opción de esperanza para los pobres, los desposeídos, los que no tienen posición, ni son parte de las clases privilegiadas. Ese es el testimonio del Nuevo Testamento y de la iglesia perseguida. Sobre este particular, Sammy Alfaro dice:

> Si el mundo de los pobres es una realidad en nuestro mundo, entonces, la iglesia no puede cerrar sus ojos a las necesidades espirituales y materiales de los pobres. Siguiendo las pisadas de su fundador, la iglesia tiene que continuar su ministerio a los pobres, convirtiéndose en la iglesia de los pobres. Lo que caracteriza la iglesia de los pobres es su deseo y voluntad de ser y actuar como Jesús.[171]

---

[170] Alfaro, *Divino Compañero...*, 98.
[171] Alfaro, *Divino compañero ...*, 98. Itálicas de este autor.

Me parece que Sammy Alfaro hace una excelente contribución, cuando destaca la diferencia abismal entre la búsqueda del *Jesús histórico* de la teología europea, con la búsqueda del *Jesús de la historia* de la teología de la liberación de finales del siglo XX. Sammy, afirma que la meta de los teólogos de la liberación era descubrir en la praxis del Jesús de la historia; el principio hermenéutico de la praxis liberadora de la iglesia cristiana. Es decir, los teólogos de la liberación no estaban interesados en descubrir al *Jesús histórico*, para distinguirlo del *Cristo de la fe* de la iglesia neotestamentaria. Éstos estaban interesados en la praxis del Jesús de la historia y su Espíritu de cómo desarrolló su misión en su tiempo histórico. Desde esta perspectiva, sus intereses estaban fijados en descubrir las demandas de justicia que Jesús le lanzó a la iglesia.[172]

Mi diferencia con la teología de la liberación es que, en mi caso, coloco como centro de mi praxis, en favor de los pobres, *el evangelio de amor* del Nuevo Testamento, proclamado por Jesucristo y entregando a la iglesia en el poder del Espíritu y no coloco como centro a *una ideología secular* que no busca la transformación interna del ser humano y de las estructuras sociales, prometida por Dios, en la nueva creación en Jesucristo por medio del poder del Espíritu Santo.

---

[172] Alfaro, *Divino compañero* ..., 99-100. Itálicas de este autor.

Conclusión

En un interesante ensayo, titulado: El Hijo y el Espíritu: la promesa y peligros de la cristología del Espíritu,[173] el teólogo reformado, Kyle Claunch[174] describe varias ventajas y peligros que hay que mantener en mente cuando apoyamos una cristología del Espíritu. Me parece que conviene examinar estas advertencias de este joven teólogo. Echémosle un vistazo a su pensamiento.

Las ventajas

Conviene, en primer lugar, examinar de plano las ventajas de la cristología del Espíritu trinitaria. La primera fortaleza de la cristología del Espíritu trinitaria es que corrige la percibida negligencia de muchos teólogos en el estudio de la persona y obra del Espíritu Santo en la teología cristiana, especialmente en las tradiciones teológicas de occidente. La percepción de muchos es que la persona y obra del Espíritu se subordina a la persona y obra del Hijo.

Una segunda ventaja de la cristología del Espíritu trinitaria, según Claunch es que este enfoque destaca la autenticidad de la humanidad de Cristo en

---

173

https://equip.sbts.edu/publications/journals/journal-of-theology/the-son-and-the-spirit-the-promise-and-peril-of-spirit-christology/. Accedido el 12 de mayo de 2024.

174 Kyle Claunch es un joven teólogo, Profesor Asociado de Teología Cristiana del Seminario Teológico Bautista del Sur (SBTS, por sus siglas en inglés). Es un joven que en su carrera ha combinado la academia con la pastoral.

contra de un docetismo implícito. El punto de vista de Claunch se refiere a aquellos que le adscriben todos los actos milagrosos de Jesús en la tierra a su naturaleza divina. Si este fuera el caso, su experiencia en ser genuinamente humano se podría cuestionar. Las palabras exactas de Claunch son: "Sin embargo, una cristología del Espíritu trinitaria cuidadosa es capaz de preservar la humanidad genuina de la vida de Jesús en la tierra, apelando al Espíritu Santo como el sujeto del poder divino por medio del que Jesús operaba sus milagros sobrenaturales".[175]

Una tercera ventaja de la cristología del Espíritu trinitaria, según Claunch surge naturalmente de la segunda. Una cristología del Espíritu ayuda a entender mejor el discipulado cristiano. Otra vez, cito a Claunch: "Si Jesús fue empoderado por el Espíritu Santo para vivir su vida humana, los creyentes pueden seguir su ejemplo, ya que también han sido empoderados por el Espíritu".[176]

Una cuarta ventaja de la cristología del Espíritu trinitaria, según Claunch es su dependencia exegética. Hay muchos pasajes en los evangelios que afirman claramente la misión del Dios Hijo. Claunch

---

[175] https://equip.sbts.edu/publications/journals/journal-of-theology/the-son-and-the-spirit-the-promise-and-peril-of-spirit-christology/. Accedido el 12 de mayo de 2024. La traducción al español de esta cita y otras de aqui en adelante de este artículo son de este autor.

[176] https://equip.sbts.edu/publications/journals/journal-of-theology/the-son-and-the-spirit-the-promise-andperil-of-spirit-christology/. Accedido el 12 de mayo de 2024. La traducción al español de esta cita y otras de aqui en adelante de este artículo son de este autor.

pone como ejemplos los pasajes de Lucas 3.16 hasta 4.2. En esos pasajes se ve el hilo conductor de Jesús como el Mesías, ungido por el Espíritu, quien es bautizado por el Espíritu y luego otorga el Espíritu a sus discípulos.[177]

Los peligros

Conviene examinar, de inmediato, los peligros de la cristología del Espíritu trinitaria. Lado a lado, de las ventajas, ya enumeradas, se esconden ciertos peligros en la cristología del Espíritu trinitaria. En primer lugar, Claunch advierte sobre el peligro del adopcionismo[178] en las teologías del Espíritu. Entre

---

[177]https://equip.sbts.edu/publications/journals/journal-of-theology/the-son-and-the-spirit-the-promise_andperil-of-spirit-christology/. Accedido el 12 de mayo de 2024. La traducción al español de esta cita y otras de aquí en adelante de este artículo son de este autor.

[178]El adopcionismo (monarquismo dinámico) es una herejía (del siglo segundo) que afirma que Dios adoptó a Jesús como su Hijo en el bautismo en el Río Jordán. Antes de su adopción, Jesús era solo un hombre, aunque sin pecado. Sin embargo, la Biblia señala que todos los hombres están bajo la maldición de Adán y no hay hombres sin pecado. El apóstol Pablo declara lo siguiente: "Por tanto, como el pecado entró en el mundo por un hombre, y por el pecado la muerte, así la muerte pasó a todos los hombres, por cuanto todos pecaron. Pues antes de la ley, había pecado en el mundo; pero donde no hay ley, no se inculpa de pecado. No obstante, reinó la muerte desde Adán hasta Moisés, aun en los que no pecaron a la manera de la transgresión de Adán, el cual es figura del que había de venir" (Romanos 5.12-14). Creemos que Jesús no tuvo pecado, no solo porque fuera un hombre bueno, sino porque era completamente Dios. El evangelista Juan dice: "En el principio era el Verbo, y el Verbo era con Dios, y el Verbo era Dios... Y aquel Verbo fue hecho carne, y habitó entre nosotros (y vimos

éstas, Claunch incluye el adopcionismo presente las teologías del Espíritu de Geoffrey Lampe, James Dunn y Roger Haight. Es crucial que las cristologías del Espíritu enfaticen la particularidad de la deidad de Cristo como resultado de su preexistencia divina. Sin lugar a duda, Claunch dice que "el testimonio de la deidad preexistente de Jesucristo en el Nuevo Testamento es una característica prominente y no hay que ofrecer ninguna apología [defensa] por reafirmarla una y otra vez".[179]

Un segundo peligro que pueden enfrentar las cristologías del Espíritu, de acuerdo con Claunch, podría ser la potencial posibilidad de rechazar la unidad de la divinidad. En otras palabras, no se puede arrojar duda sobre la convicción de que las tres personas de la divinidad son idénticas en naturaleza y esencia. Desde esta perspectiva, cualquier obra de Dios fuera de sí mismo (ad extra, en relación el ser humano y al mundo), como es una obra que fluye de la única naturaleza divina, es la obra entera de la divinidad. Es decir, debe afirmar que las operaciones de la Trinidad son inseparables. Las palabras de Claunch son las siguientes:

> El peligro es que toda esta discusión de si es el Espíritu o el Hijo quien es el sujeto divino del poder sobrenatural que se despliega

---

su gloria, gloria como del unigénito del Padre), lleno de gracia y de verdad" (Juan 1.1,14). Podemos afirmar que la preexistencia de Cristo es un testimonio irrefutable de la naturaleza divina del Señor.

179

https://equip.sbts.edu/publications/journals/journal-of-theology/the-son-and-the-spirit-the-promise-and-peril-of-spirit-christology/. Accedido el 12 de mayo de 2024.

en y por medio de la vida de Cristo, podría oscurecer el hecho de que las tres personas participan de la misma naturaleza divina, de manera que, el poder que se despliega es siempre el poder de las tres personas divinas.[180]

Un tercer peligro que puede enfrentar la cristología del Espíritu, según Claunch, es que en su empeño por corregir la percepción de una falta de neumatología en la cristología, se evite mantener un énfasis robusto en la persona de Cristo. Su advertencia en este tema la expone con palabras muy firmes: "La cristología del Espíritu, en muchas ocasiones, ha estado muy dispuesta a perder de vista el lugar central de una soteriología cristocéntrica, en su empeño por combatir, en el campo teológico, lo que se considera como un trato de cenicienta (de segunda categoría) al Espíritu".[181]

Un cuarto peligro que puede enfrentar la cristología del Espíritu, según Claunch, está relacionado con el cuidado al hacer exégesis de otros pasajes en los evangelios que tienden a indicar que las señales sobrenaturales obrada por Jesús servían como evidencia de su deidad y preexistencia. La posición de Claunch es que "una cristología del Espíritu

---

180

https://equip.sbts.edu/publications/journals/journal-of-theology/the-son-and-the-spirit-the-promise-and-peril-of-spirit-christology/. Accedido el 12 de mayo de 2024.

181

https://equip.sbts.edu/publications/journals/journal-of-theology/the-son-and-the-spirit-the-promise-and-peril-of-spirit-christology/. Accedido el 12 de mayo de 2024. Énfasis suplido.

saludable debe abrazar los pasajes bíblicos que afirman la particularidad única de Cristo como Dios y el Hijo encarnado".[182] En mi caso, lo importante en las cristologías del Espíritu es afirmar, inequívocamente, la deidad y la humanidad de Jesucristo.

Un quinto peligro inherente a la cristología del Espíritu, según Claunch, es la tendencia a sobre enfatizar la posibilidad que esta cristología es fundamental para un diálogo ecuménico. Sin embargo, Claunch, desde su trasfondo evangélico bautista fundamentalista, muestra ciertas reservas para este diálogo. Sus reservas están relacionadas con mirar el diálogo ecuménico como un criterio para la verdad en lugar de una consecuencia de ésta. Él dice que ese no es un modelo bíblico. Su tesis es que es la gente santificada en la verdad de la divina revelación, la Palabra de Dios, por los cuales Jesús oró eran los que podía ser uno.[183] Por consiguiente la cristología del Espíritu debe abrazar por su fidelidad a las Escrituras.[184] En mi caso, lo importante en las

---

182

https://equip.sbts.edu/publications/journals/journal-of-theology/the-son-and-the-spirit-the-promise-and-peril-of-spirit-christology/. Accedido el 12 de mayo de 2024.

[183] No estoy muy seguro de que esté de acuerdo con esta afirmación de Claunch. Creo que la Palabra de Dios en Jesucristo persigue la reconciliación del mundo y toda obra dedicada a que seamos uno es parte del amor de Dios por el mundo y del proceso de reconciliación.

184

https://equip.sbts.edu/publications/journals/journal-of-theology/the-son-and-the-spirit-the-promise-and-peril-of-spirit-christology/. Accedido el 12 de mayo de 2024.

cristologías del Espíritu es afirmar, inequívocamente, la deidad y la humanidad de Jesucristo sin ambages.

En este capítulo he intentado, de forma somera, analizar la cristología del Logos y la cristología del Espíritu como maneras de responder a la *persona* y *obra* tanto de Jesucristo como del Espíritu Santo en el proceso soteriológico (de salvación) del ser humano y del mundo. Confío que les haya ayudado a responder a las dos preguntas que les formuló Jesús a sus discípulos: "¿Quién dicen los hombres que soy yo? Y vosotros, ¿quién decís que soy?" (Marcos 8.27, 29). Luego de leer este capítulo, ¿cuál es tu respuesta? No me extrañaría que todavía tengas algunas interrogantes. Sin embargo, te animo a que, desde la debilidad de tu fe, imites la confesión de Pedro que desde la fragilidad de su fe confesó: "Tú eres el Cristo" (Marcos 8.29). Aunque luego lo negó: Estando Pedro abajo, en el patio, vino una de las criadas del Sumo sacerdote, [67] y cuando vio a Pedro que se calentaba, mirándolo, le dijo: Tú también estabas con Jesús, el nazareno. Pero él negó, diciendo: No lo conozco, ni sé lo que dices. Y salió a la entrada, y cantó el gallo (14.66-68). Pero, poco tiempo después, desde la fortaleza de su experiencia de Pentecostés afirmó: "Sepa, pues, ciertísimamente toda la casa de Israel, que a este Jesús a quien vosotros crucificasteis, Dios lo ha hecho Señor y Cristo" (Hechos 2.36. Énfasis añadido). Confiesa tú también a Jesús como tu Cristo. ¡Esta es mi solemne invitación!

Preguntas de repaso:

1. ¿Qué es una cristología del Espíritu?
2. ¿Qué es una cristología del Logos?
3. ¿Cómo se conjugan en una persona lo divino y lo humano para el proyecto de salvación del ser humano y del mundo?
4. ¿Qué es una soteriología redentora?
5. Describa a grande rasgo la cristología del Espíritu de Clark H. Pinnock.
6. Describa a grande rasgo la cristología del Espíritu de Frank D. Macchia.
7. Describa a grande rasgo la cristología liberadora.

Capítulo 7

EPÍLOGO

Llegar al final de una obra literaria siempre ofrece un sentido de satisfacción. En esta obra mi norte fue analizar la obra cristológico del apóstol Pablo, de los evangelistas Marcos Mateo, Lucas y Juan. Finalmente, esbozar desde una perspectiva pentecostal las dos cristologías que ha sido parte del pensamiento de la iglesia a largo de su historia (1) la cristología del Espíritu (de abajo) y (2) La cristología del Logos (de Arriba). Mi propósito en esta obra ha sido mirar cómo estas cristologías conversan entre sí y nos ayudan, como pentecostales, a entender abarcadoramente la cristología del Espíritu y el proceso de salvación que sea un neumático (espiritual) y cristológico (basado en Cristo).

Comencé esta obra, diciendo que en Jesús, Dios visitó a los seres humanos y la creación para salvarlos y darle vida abundante. Participar en Cristo es participar de "una esperanza contra esperanza" (Romanos 4.18). Como Abraham, también, nosotros tenemos que creer en el que "da vida a los muertos y llama las cosas que no son como si fueran" (Romanos 4.17b). Por eso los que creen en "esperanza contra esperanza" la muerte ya no se enseñorea de ellos.

Espero que este análisis de la cristología del Espíritu y la cristología del Logos les ofrezca una oportunidad para disfrutar la entrega de Jesús por nosotros para transformar nuestro "aquí y ahora" a la luz de la esperanza del "todavía no" del Cristo resucitado. La realidad fue que para el apóstol Pablo y los evangelistas en Jesús es el *Cristo*, el *Ungido* por el Espíritu de Dios y que es el *Hijo de Dios*, el Dios trino visitó a judíos y gentiles para asegurarles que un nuevo tiempo había comenzado. Este Jesús les comunicó a sus discípulos y a la iglesia que en él, el futuro de la nueva era se hacía presente en el "aquí y ahora". En este nuevo tiempo Dios transformaba su "aquí y ahora" (su presente) por medio de la buena noticia (el *evangelio*) del reino de Dios, en un tiempo de salvación, sanidad y liberación para los oprimidos por el diablo y por las estructuras sociales culturales, económicas, religiosas y políticas de su época.

En esta obra identifico que en los diferentes evangelios, uno y otros, afirman que Jesús el Cristo es el Hijo de Dios. Sin lugar a duda, los evangelistas canónicos enfatizan que el Jesús de Nazaret de la historia de los evangelios es el Hijo de Dios. Tanto Mateo como Lucas destacan la realidad de la humanidad de Jesús con su nacimiento dentro de una familia común del siglo primero. Por otro lado, su deidad está implícita en el relato de su nacimiento por obra del Espíritu y en su bautismo del espíritu en el Jordán. Debo decir que el evangelista Lucas presenta la compasión de Jesús por la gente de carne y hueso que sufre irremediablemente, pero no los deja sin esperanza los invita a ser parte del reino de Dios. La salvación la necesitan todas la personas. Los pobres los despreciados, los publicanos, los gentiles, los samaritanos, las mujeres y las viudas. Así es que Lucas presenta la salvación como un regalo de Dios para todos y todas.

Por otro lado, en el mensaje del evangelio de Juan se describe una cristología de *arriba;* se dice clara y explícitamente que el Verbo divino "es Dios". En la cristología de *arriba* del evangelista Juan nos entrega el mensaje que Jesucristo es la encarnación humana del Verbo divino que al principio "era Dios y estaba con Dios". En este Jesús de Nazaret vimos la gloria de Dios. En esta cristología de *arriba* del evangelista Juan se destaca, que en Jesús de Nazaret, Dios se nos reveló como el Dios Encarnado.

Concluyo este epílogo afirmado varias fortalezas y peligros, de la cristología del Espíritu que los pentecostales queremos afirmar. En esto concurro con el teólogo reformado Kyle Claunch. La primera fortaleza de la cristología del Espíritu trinitaria es que corrige la percibida negligencia de muchos teólogos en el estudio de la persona y obra del Espíritu Santo en la teología cristiana, especialmente en las tradiciones teológicas de occidente.

Una segunda ventaja de la cristología del Espíritu trinitaria es que su enfoque destaca la autenticidad de la humanidad de Cristo en contra de un docetismo implícito. Una cristología del Espíritu trinitaria cuidadosa es capaz de preservar la humanidad genuina de la vida de Jesús en la tierra, apelando al Espíritu Santo como el sujeto del poder divino por medio del que Jesús operaba sus milagros sobrenaturales

Una tercera ventaja de la cristología del Espíritu trinitaria ayuda a entender mejor el discipulado cristiano. Si Jesús fue empoderado por el Espíritu Santo para vivir su vida humana, los creyentes pueden seguir su ejemplo, ya que también han sido empoderados por el Espíritu.

Una cuarta ventaja de la cristología del Espíritu trinitaria es su dependencia exegética. Hay muchos pasajes en los evangelios que afirman claramente la misión del Dios Hijo.

Por otro lado, hay varios peligros que hay que evitar. Primero, hay que evitar el peligro del adopcionismo en las teologías del Espíritu. Es crucial que las cristologías del Espíritu enfaticen la particularidad de la deidad de Cristo como resultado de su preexistencia divina.

Un segundo peligro que pueden enfrentar las cristologías del Espíritu, podría ser la potencial posibilidad de rechazar la unidad de la divinidad. En otras palabras, no se puede arrojar duda sobre la convicción de que las tres personas de la divinidad son idénticas en naturaleza y esencia. Es decir, es una obra que fluye de la única naturaleza divina, es la obra entera de la divinidad.

Un tercer peligro que puede enfrentar la cristología del Espíritu es que en su empeño por corregir la percepción de una falta de neumatología en la cristología, se evite mantener un énfasis robusto en la persona de Cristo.

Un cuarto peligro que puede enfrentar la cristología del Espíritu está relacionado con el cuidado al hacer exégesis de otros pasajes en los evangelios que tiende a indicar que las señales sobrenaturales obrada por Jesús servían como evidencia de su deidad y preexistencia. Es decir, una cristología del Espíritu saludable debe abrazar los pasajes bíblicos que afirman la particularidad única de Cristo como Dios y el Hijo encarnado.

Finalmente, les digo en esta obra he intentado, de forma somera, analizar la cristología del Logos y la cristología del Espíritu como maneras de responder a la *persona* y *obra* tanto de Jesucristo como del Espíritu Santo en el proceso soteriológico (de salvación) del ser humano y del mundo. Confío que de alguna manera les ha ayudado a seguir formulado preguntas de un tema que la iglesia ha discutido por tanto tiempo. Siempre hagan sus preguntas con humildad, reconociendo que solo conocemos a nuestro Dios por la manera como él ha escogido revelarse en las Escrituras. Espero saludarlos nuevamente en tomo II de esta obra.

Epílogo

Preguntas de repaso:

1. Cuando se dice que los que "creen en 'esperanza contra esperanza' la muerte ya no se enseñorea de ellos", ¿qué se quiere decir?
2. ¿Qué dicen Pablo y los evangelistas a judíos y gentiles sobre la visitade del Dios trino a sus vidas?
3. ¿Cómo explican Mateo y Lucas la realidad de la humanidad de Jesús con su nacimiento dentro de una familia común del siglo primero?
4. ¿Qué importancia tiene la vida, muerte, resurrección y glorificación de Jesús para la obra salvadora del ser humano?

BIBLIOGRAFÍA

Libros

Alfaro, Sammy. *Divino compañero del camino: Toward a Hispanic Pentecostal Christology.* Eugene: Pickwick Publications, 2010.

Barth, Karl. *Introducción a la teología evangélica.* Sígueme: Salamanca, 2006.

Brown Raymond E. *Birth of the Messiah.* The Anchor Yale Bible, 1993.

_____*Jesus God and Man.* New York: Macmillan Publishing, 1973.

Carson,D.A. "Christological Ambiguities in the Gospel of Matthew," Harold H.

Rowdon, ed., *Christ the Lord. Studies in Christology* Presented to Donald Guthrie.

Leicester:

Congar, Yves. *The Word and the Spirit*, trans. David Smith. San Francisco, CA: Harper & Row, 1986.

Donne, Antony Le, J.R. Daniel Kirk, Sandra Huebenthal, Larry W Hurtado, Adam Winn,

and Chris Keith. *Christology in Mark's Gospel.* Grand Rapids, MI: Zondervan

Academic, 2021.

Dunn, James D. G. *Christology in the Making: An Inquiry into the Origins of the Doctrine of the Incarnation.* London: SCM, 1989.

_____*The Christ, and the Spirit.* Grand Rapids, MI: William B. Eerdmans Publishing House, 1998.

Fitzmyer, Joseph A. "The Christology of the Epistle to the Romans" in Abraham J.

Malherbe,and Wayne A. Meeks, eds. *The Future of Christology: Essays in Honor of*
Leander E. Keck. Minneapolis, Minnesota: Fortress Press, 1993.

Furnish, Victor Paul. "He Gave Himself [Was Given] Up...': Paul's Use of a Christological Assertion" in *The Future of Christology: Essays in Honor of Leander E. Keck*, Abraham

J. Malherbe and Wayne A. Meeks, eds. Minneapolis, Minnesota: Fortress Press,
1993.

González, Justo L. *A History of Christian Thought: From the Beginnings to the Council of Chalcedon.* Nashville: Abingdon Press, 1970.

Green, Chris E. W. *Sanctifying Interpretation: Vocation, Holiness, and Scripture,* Vol. Second
Edition. Cleveland, TN: CPT Press, 2020.

Habets, Myk. *"Spirit Christology: Seeing in Stereo." Journal of Pentecostal Theology, 2003: 1-19.*

_____ The anointed Son: A Trinitarian Spirit Christology, Eugene, OR: Pickwick, 2010.

Hurtado, Larry W. *Lord, Jesus Christ: Devotion to Jesus in Earliest Christianity*. Grand

Rapids, Michigan: William B. Eerdmans Publishing Company, 2003.

Keck, Leander E. *Renewing New Testament Christology.* Minneapolis, Minnesota: Fortress
Pres, 2023.

_____ *Who is Jesus? History in Perfect Tense.* Minneapolis, Minnesota: Fortress Press, 2001.

_____ *Christ's First Theologian: The shape of Paul's Though*t. Waco, Texas: Baylor
University Press, 2015.

López, Darío. *La fiesta del Espíritu: Espiritualidad y celebración pentecostal*. Perú: Ediciones Puma, 2006.

Macchia, Frank D. *Bautizado en el Espíritu: Una teología pentecostal global*. Miami, FL: Editorial Vida, 2008.

_____*Introduction to Theology: Foundation for Spirit-filled Christianity*. Grand Rapids, MI: Baker Academic, 2023.

_____Justified in the Spirit: *Creation, Redemption, and the Triune God*. Grand Rapids, Michigan: William B. Eerdmans Publishing House, 2010.

Malherbe Abraham and Meek Wayne A. *The future of Theology: Essays in Honor Leander E. Keck*. Minneapolis: Fortress press, 1993.

Nel, Marius."*Spirit Christology: A Pentecostal Contribution to the Trinitarian Discourse.*" Scriptura, *2020: 1-19.*

Padilla, Alvin. *Lucas*. Minneapolis, Minnesota: Fortress Press, 2007.

Phanuel, Osweto O. "Analysis of the Gospel of John in light of Christology", MTh. Charles University in Prague, 2008.

Pinnock, Clark H. *Flame of Love: A Theology of the Holy Spirit*. Downers Grove, IL: InterVarsity Press, 1996.

Sánchez, Leopoldo A. Receiver, *Bearer, and Giver of God's Spirit: Jesus' Life in the Spirit as a Lens for Theology and Life*. Pickwick Publications, an-Imprint of Wipf and Stock

_____ *Jesus God and Man* (New York: Macmillan Publishing co,1967).

Bibliografía

Thomas, John Christopher. "According to John: Christology and the Great Commission"

Studebaker, Steven M. "Pentecostal Soteriology and Pneumatology." *Journal of Pentecostal Theology*, 2003.

Reynolds, Benjamin E. *The Apocalyptic Son of Man in the Gospel of John*, 2008.

Rivera, Roberto Amparo, *Miren quien se mudó al barrio*, (2007).

Lugares en la red

Bernard, David K. 2024. "Paul's Christology in the Corinthian Letters". *Religions* 15: 721.

https://doi.org/10.3390/rel15060721   Academic Editor: Annemarie C. Mayer

Published: 12 June 2024. Accedido 29 de marzo de 2025.

Darrell L. Block, *A Theology of Luke and Acts: God's Promised Program, Realized for All*

Nations, Andreas J. Kostenberger ed., (Grand Rapids, Michigan: Zondervan Academic), 2012.

Day, Mike.

https://www.academia.edu/96820634/Is_Pauls_Christology_an_aberration_frm_a_development_within_or_a_restating_of_Deuteronomic_monotheism.

Accedido 24 de marzo de 2025.

Gieschen, Charles A. "The YHWH Christology of the Gospel of

John" https://www.ctsfw.net/media/pdfs/GieschenT heYHWHChristologyoftheGospelofJohn.pd f,.

Hurtado, Larry W. "Christology" in *The New Interpreter's Dictionary of the Bible*, ed.

Katharine Doob Sakenfeld (Nashville: Abingdon Press, 2006-2009), 1: 612-22. Inter-Varsity Press, 1982. Hbkx. ISBN: 0851117449. 97-114. https://biblicalstudies.org.uk/pdf/christ-the-lord/matthew_carson.pdf.

Jack Dean Kingsbury, "The Tittle 'Son of David' in Mathew's Gospel" (JBL. 95, 4 (1976), 591-602, https://www.jstor.org/stable/3265574.

Kingsbury, Jack Dean. "The Tittle 'Son of David' in Mathew's Gospel" (JBL. 95, 4 (1976), 591-602, https://www.jstor.org/stable/3265574.

Richard B. Gardner, Mathew, https://www.mennomedia.org/97808361355 58/matthew/ .

Peter J. Scaer, "Lukan Christology: Jesus as Beautiful Savior", https://ctsfw.net/media/pdfs/pscaerlukanc hristology.pdf. Accedido 25 de febrero de 2025.